KOGIN

こぎん刺しの
小ものたち

鎌田久子

こぎん刺しとは

青森・津軽地方にこぎん刺しが生まれて
300年にもなると言われています。
津軽の農家の女性たちが布地の補強と保温を兼ねて
麻地の粗い織り目を刺し綴ったことが始まりです。
これが農民の知恵と経験によって模様刺しへと進化し、
今日の津軽こぎん刺しとして確立されました。
この基礎模様は、「胡桃(くるみ)の殻」「豆っこ」「猫の足」などの
身近な動植物や、「竹の節」「鋸(のこぎり)の歯」という直線模様に
象徴されるように暮らしの中から生まれたもので、
その数は300もあると言われています。
一見複雑に見える技術ですが、
模様はすべて織り糸を拾う針の上げ下げによって決まります。
そして、そこに広がる多様性のある幾何学模様と構成美は、
現代デザインに通じるものがあります。

CONTENTS

クッション

明るいグリーンのコットンに、グリーンの濃淡でこぎん刺し。
ミニ・クッションにはひと図案だけをアレンジ。

作り方 p.52

「猫の眼」や「島田刺し」がジグザグのラインで表現されて。

ミニ・センター

玄関先や小さめのテーブルに飾って
テープ状の布に刺すから、面倒な仕立てがいりません。

作り方 p.27～30,51

紺地で作るとぐっとしまった感じに。
同じ紺ベースでも刺しゅうで違う雰囲気に

「紗綾型」や「紗綾型くづし」、伝統模様の組合わせの妙が美しい。

ショール

トラディショナルこぎん＝紺と白のイメージに
グレーの濃淡を加えてシックでモダンな印象に。

→刺し方 p.68

ショール（半製品）／越前屋

コースター

和菓子や和茶じゃなくてもレトロモダンに楽しめる、木の葉の茶托。
深みのある5色に刺した同系色の刺しゅうがレリーフのよう。

⇢ 作り方 p.54

「一つ花っこ」の周りに「流れ」と「豆」をアレンジして
同じ色の揃いにしても素敵です。

ペンケース

糸の色を変えるだけで、1色刺しとは違う表情を見せる「竹の節」模様。

刺し方 p.56

ペンケース（半製品）/ 亀島商店

小もの入れ

縁起の良い「亀甲」模様や朱赤に「梅の花っこ」。大切な思い出の品をそっと収めて。

刺し方 p.57

ティー・コージーとマット

幅 21cm のチェックの麻布を見つけたときに、
こんなデザインが浮かびました。

作り方 p.58

ティー・コージーとペアのマットがあれば、
アフタヌーン・ティータイムがいっそう充実します。

ポーチ

縁飾りのある刺しゅう用テープの中央に
すっと線刺しを入れた
小さくて品の良いポーチです。

作り方 p.60

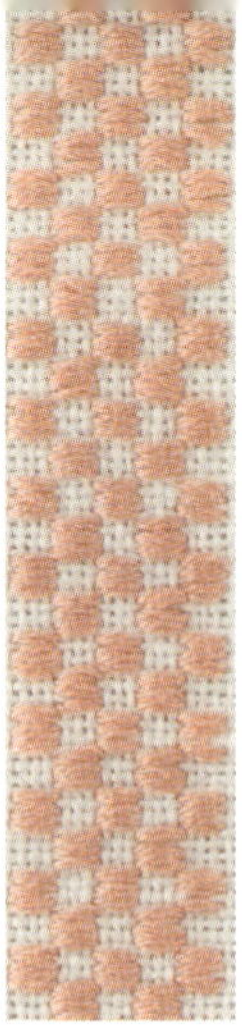

オーナメント

小さな連続模様を刺してフレームに
飾っただけのオーナメント。クリアな色が新鮮です。

⇢刺し方 p.56

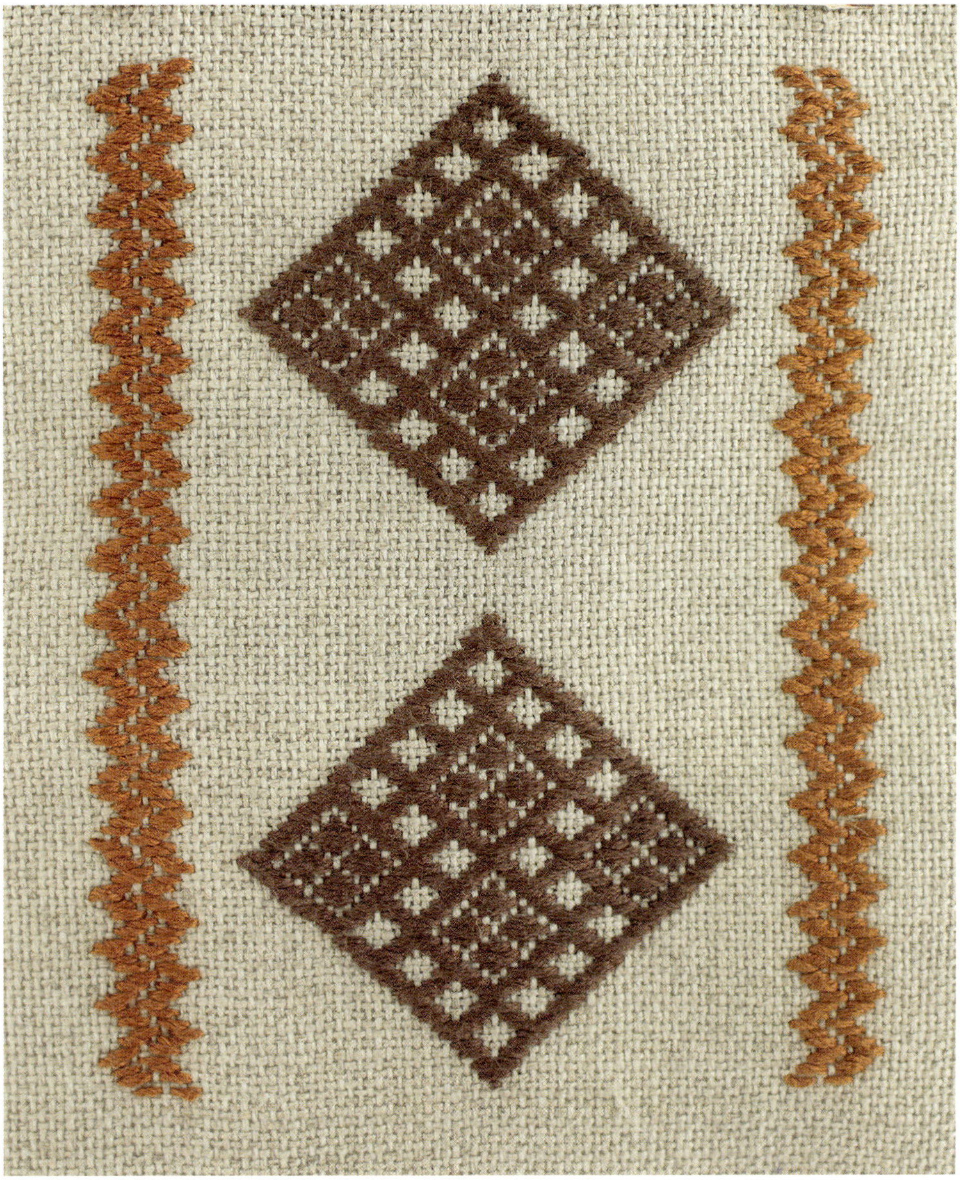

左は、4色使いのブルーが味わいを深めて、ブラウン系の図案も素敵。

ミニ・バッグ

小さなバッグのサイズに合わせて2つ図案を用意しました。

→ 刺し方 p.61

バッグ（半製品）/ 亀島商店

がま口、三つ

小振りなバッグに小物・小銭入れ、とサイズを変えて、がま口三姉妹を作りました。ピンクの模様は「車刺し」と「べこの足」です。

作り方 p.62

麻バッグ

やさしい色の麻布に刺しゅうの色や模様の配置でニュアンスを持たせて。

作り方 p.64

後面にはワンポイント。
ベージュにはピンクで刺しゅうを、
模様の配置も少し変えて。

ブックカバー

上品な帯を思わせる丹念に刺されたこぎん、時代小説の文庫本に。

作り方 p.66

流れるような模様が和の美しさを感じさせます。

[POINT]

- こぎん刺しは、布目を数えて規則的に刺していく区限（くげん）刺しゅうの一種で、布の織り目を拾って右から左へと刺し進みます。
- 基本的に針目は1、3、5目のように奇数で運んでいきます。
  小さなものから大きめなものまで多数ある図案は、並べ方や組み合わせで様々に変化します。
- 布全面に刺しゅうする場合は、布と模様の中央を合わせて中央から刺し始め、
  上、下に刺し分けると図案のズレが防げます。
  布の中央にはしつけ糸で5目ずつのぐし縫いをしておき、模様中央の目安にします。

素材と用具

藍染めの布に白い木綿糸がこぎん刺しのイメージですが、ここでは作品に使用した初心者にも扱い易い、こぎん刺しに適した素材と用具を紹介します。

この本の作品に使われた糸

DMC 25番刺しゅう糸

よりをかけた細番手の糸6本を引き揃えた美しい艶の木綿刺しゅう糸。1束8m。色数も豊富にあり、色の組み合わせやグラデーションが楽しめる。作品はすべて6本取りで使用。

こぎんに適した布

コングレス

適度な張りとしなりのある刺しゅう用の平織り布。綿素材。1cm角＝約7目×7.5目の大きめな布目が初心者にも扱い易い。色は約20色ある。

麻

1cm角=10目×10目の刺しゅう用麻布。麻特有の艶、張りがあり、ソフトな色合いは作品に高級感を与える。

こぎんに適した針

こぎん針

こぎん刺しには、糸が通し易い針穴の大きなもので、布の織り糸を割らないように針先の丸いものを使います。こぎん針は長さがあるので運針に適しています。

その他

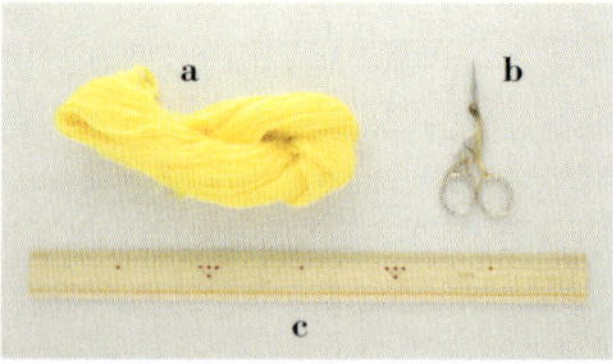

a しつけ糸

ほつれ易い布の周囲をかがったり、布に模様との合い印をつけておくのに使います。

b 糸切りはさみ

糸を切るのに使います。

c 物差し

布や糸を測るのに使います。

ミニ・センターを作る

photo page 7

小さめなサイズが、どこにでも飾れて
便利なミニ・センター。
それなのに、こぎん刺しらしさが
十分に味わえるデザインです。
仕立てのいらないテープ状の布で
簡単に作れ、糸の色の換え方も
練習できる２色使いです。

用意するもの

DMC 25番刺しゅう糸
カーキ（640）、生成り（822）

幅14cmのコングレステープ
1cm角=7目×7.5目　紺27cm

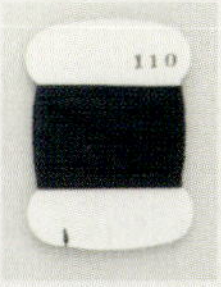

かがり糸 紺

こぎん針

図案

糸は６本取り、指定の色で刺す。

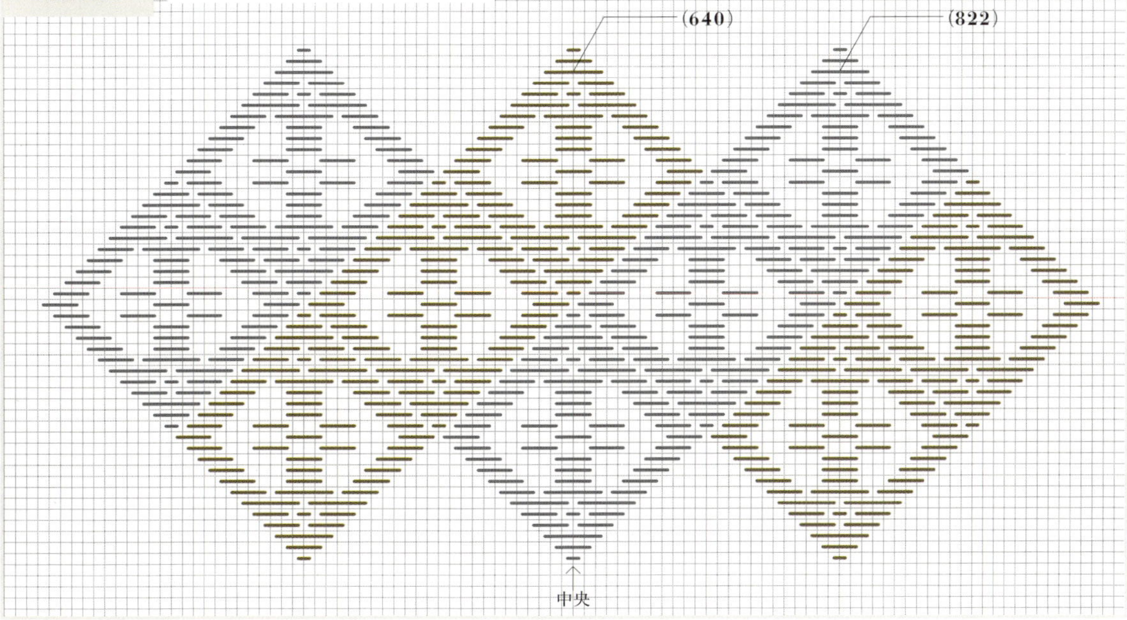

01

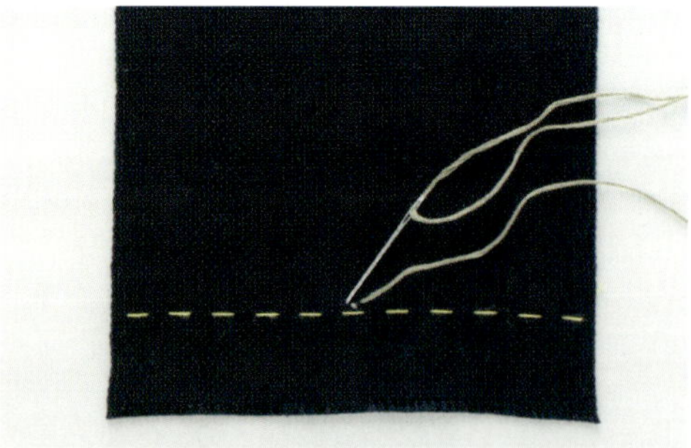

布端から3.5cmの位置にしつけ糸で5目おきの印をつけ、布と図案の中央を合わせて1目めを刺す。

02

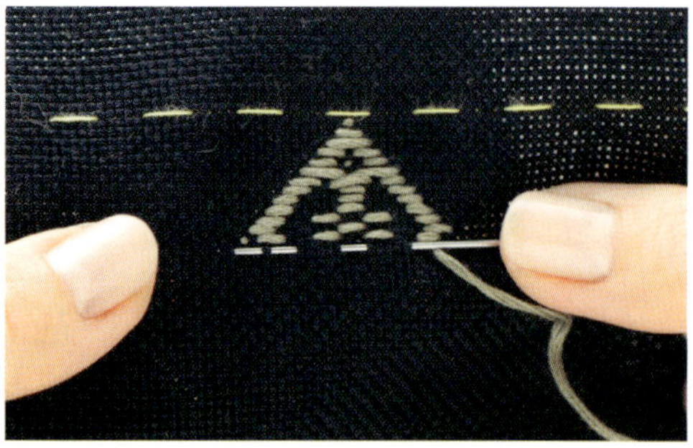

模様の同色部分を左横に続けて刺す（1列め）。

03

1列め（3模様）を刺し上げたところ。

04

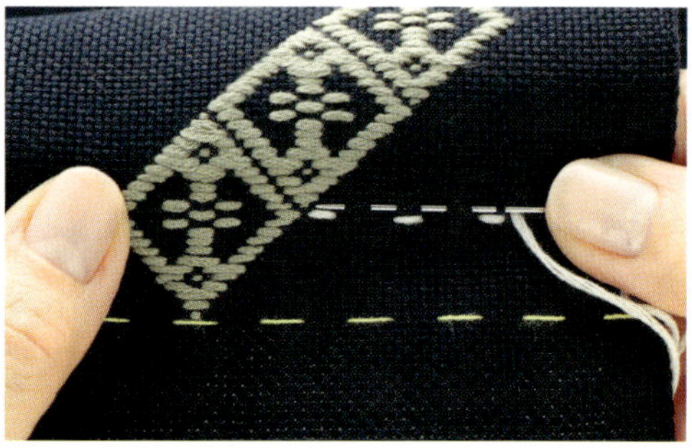

1列めの接点から糸をつけて2色（2列）めを刺す。その際に糸端は10cm位残す。

05

02と同様に左横に続けて刺す。1列めの接点から刺し始めると模様のズレを防げる。

06

（裏側）刺し進んだら、表側に糸の渡っているところを細かく拾って**04**でつけた糸の糸端を始末する。

07

（裏側）**06**と同様にして糸をつなぐ。この場合、幅がせまいので、2段に渡って拾う。

08

07のように糸をつけて**04**、**05**で刺し残した部分を刺す。

09

1、2列めが刺し上がったところ。

10

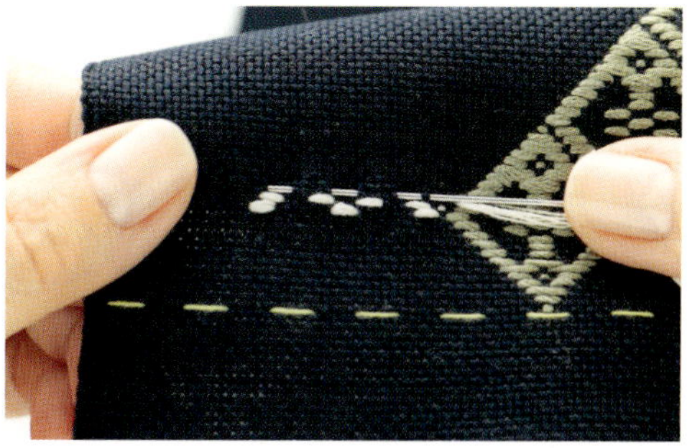

3列めも**04**と同様、1列めとの接点から刺し始める。糸端の始末は**06**、**07**と同様にする。

11

4列めは3列めの接点から刺し、片側が刺し上がったところ。反対側も同様に刺し上げる。

12

フリンジを作るため、針で横糸を引き出して切り、織り糸を2本位抜く（糸端はそのまま残す）。

13

かがりをするための抜きができたところ。

14

布端にかがり糸をつけて織り糸をすくい、針に掛けてぎゅっと引き、固定する（説明のため白糸を使用）。

15

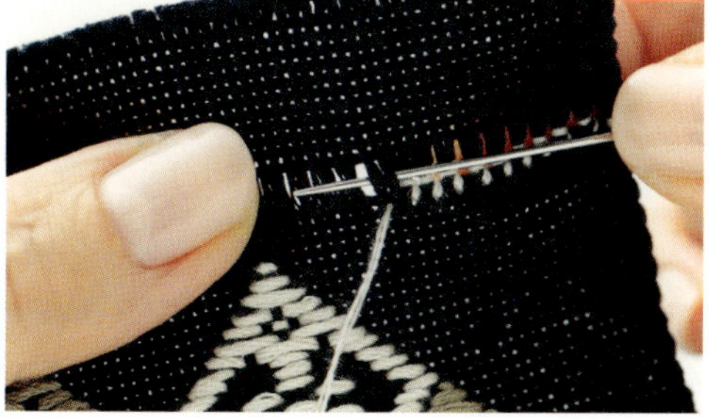

1目戻って針を入れ、2目進んで針を出して糸を引き、もう一度、2目戻って**16**のように針を入れる。

16

2目戻るときは抜きの縦糸をすくい、1目進むときは抜きの1目内側の目に針を入れる。

17

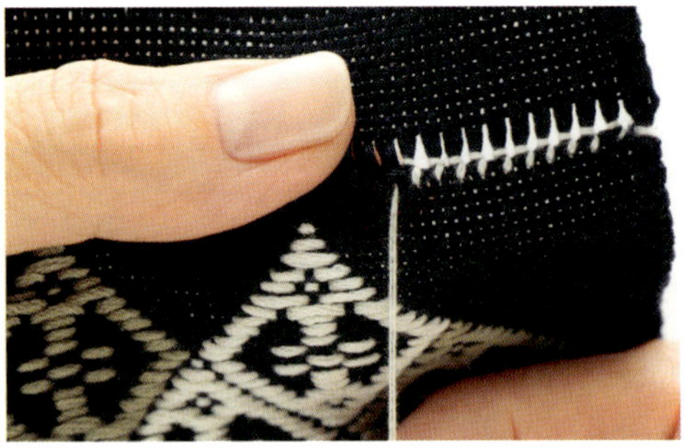

かがり糸をぎゅっと引く。

18

端までかがったら、裏からアイロンをかけて仕上げ、
布端から織り糸をほどいていく。

19

フリンジを整える。

20

ミニ・センターのできあがり。

パターン・サンプラー

津軽こぎん刺しの図案には、
「猫のまなぐ(眼)」や「べこ(牛)の足」など、
自然や生活に根ざした名前が多くみられ、
身近なものを図案化した当時の人たちの
感性には驚かされます。
次のページから44種の図案を紹介します。
小さな「豆」や「ウロコ」も一面に刺せば、
全体を埋める模様となり、組み合わせることで
新しい模様が生まれます。
どうぞ自分なりのアレンジを楽しんください。

：線になる模様：

[pattern name]　※上から
竹の節 4 種、ウロコ、鋸（のこぎり）の歯、市松、3・3 刺し子

⇢ 図案 41,42 ページ

: 3目～23目の模様 :

[pattern name]　※上左から

きくらこ、糸目入りふくべ、だんぶり(とんぼ)、胡桃(くるみ)の殻、
花っこ、小枕 1、小枕 2、四つ豆っこ、石だたみ 1、石だたみ 2、
糸目入り石だたみ、糸目入り豆、石だたみ 3、豆、3の流れ 1本 、2本、3本

図案 42,43 ページ

： 27目～35目の模様 ：

[pattern name]
井戸枠、てこな、島田刺し、胡桃の殻、猫の眼、まんじ、猫の足

図案 44 ページ

：37目〜51目の模様：

[pattern name]

一つ花っこ1、一つ花っこ2、車刺し1、車刺し2、べこ(牛)の足

図案 45,46 ページ

： 55目～67目の模様 ：

[pattern name]
四つ花っこ、矢の羽入り胡桃(くるみ)の殻、糸柱入り重ね井戸枠

図案 46,47 ページ

： 75目の模様 ：

[pattern name]
重ね井戸枠

→ 図案 48 ページ

： 87目の模様 ：

[pattern name]
紗綾型くずし

→ 図案 49 ページ

： 枠のない模様 ：

[pattern name]

車刺しべた刺し、紗綾型べた刺し

⇢ 図案 50 ページ

message

私たちの生活の中の技術がどんなに進歩しようと、
「手作りの温もり」が忘れられることはありません。
身のまわりを見回してください。
お子様の絵やあなたの大切な手芸品が飾られ、
花瓶には季節の花が生けられていることでしょう。
津軽こぎん刺しは、そんな身のまわりに豊かさを育む、
北国津軽の素朴な民芸です。
しかも300年にもなる歴史の奥行き、
現代デザインにも通じる多様性のある
幾何学模様の広がりは、
きっとあなたを惹きつけるはずです。
仕上がりを想像しながら、
まずは針で布目を拾ってみてください。

鎌田久子

竹の節 4種

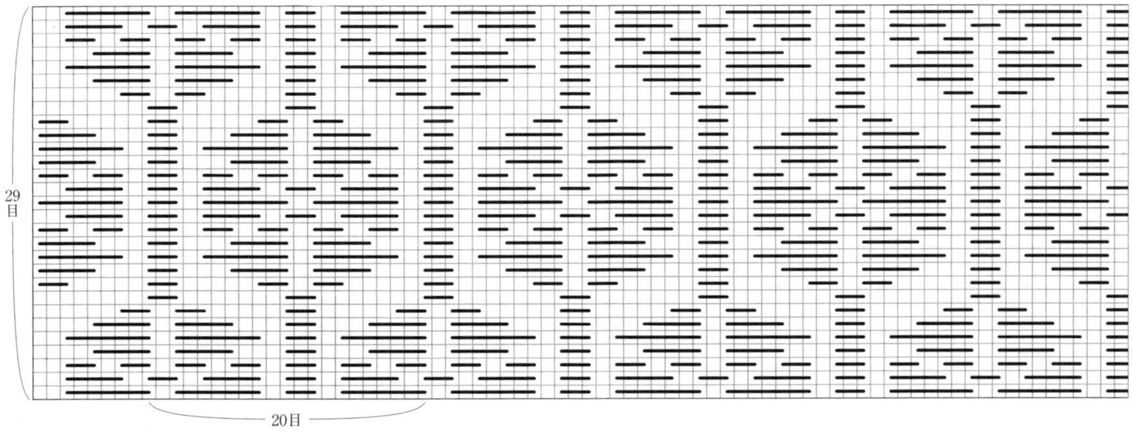

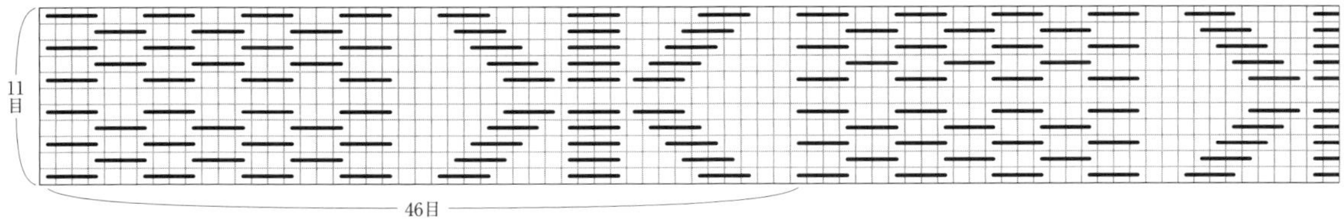

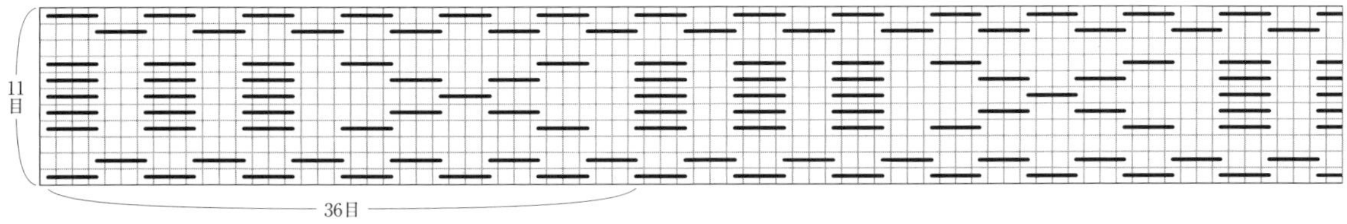

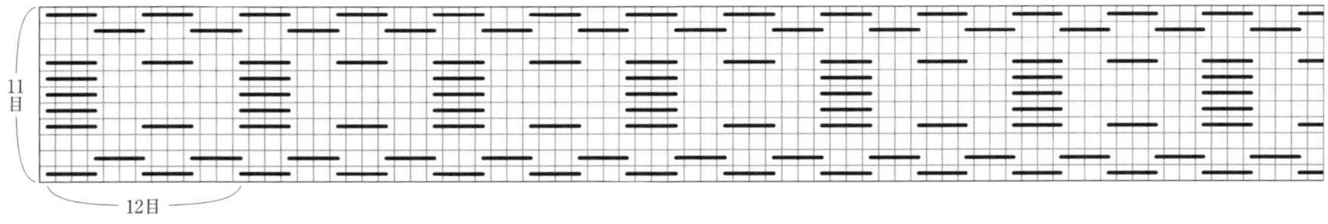

photo page 32

刺しゅう布…コングレス1cm角=7目×7.5目 紺
DMC 25番刺しゅう糸…白(BLANC)

ウロコ

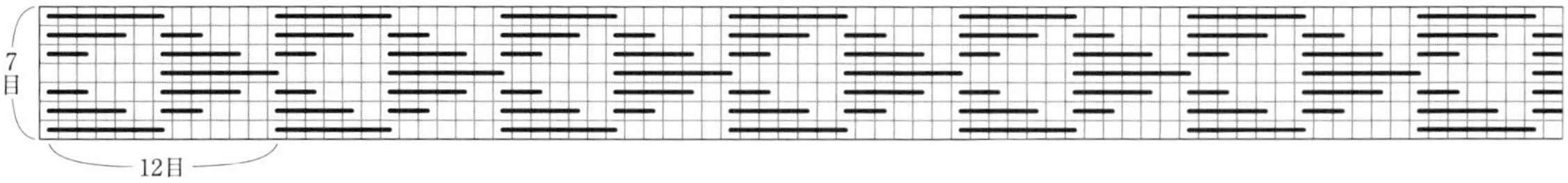

鋸(のこぎり)の歯

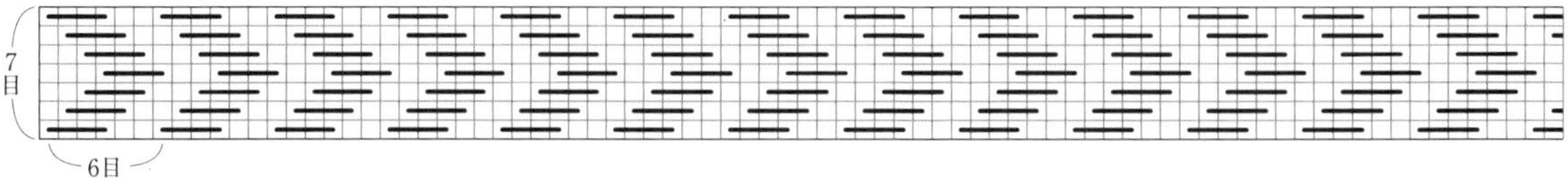

市松

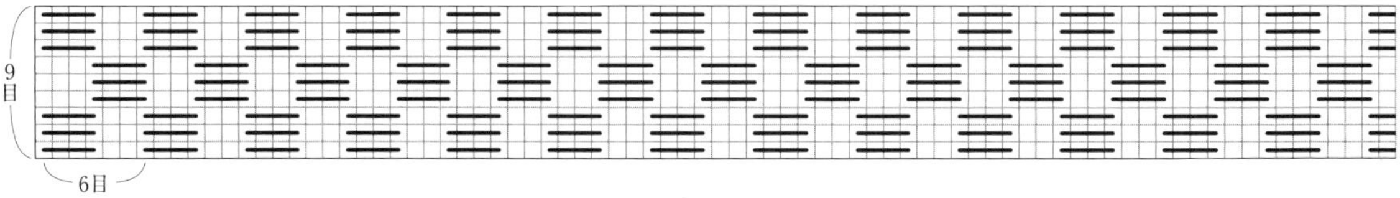

3・3の刺し子

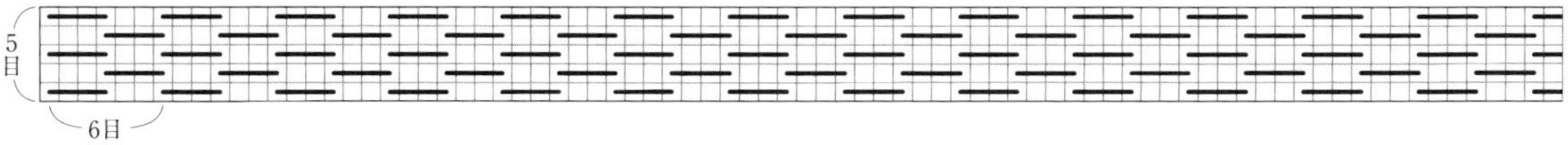

きくらこ

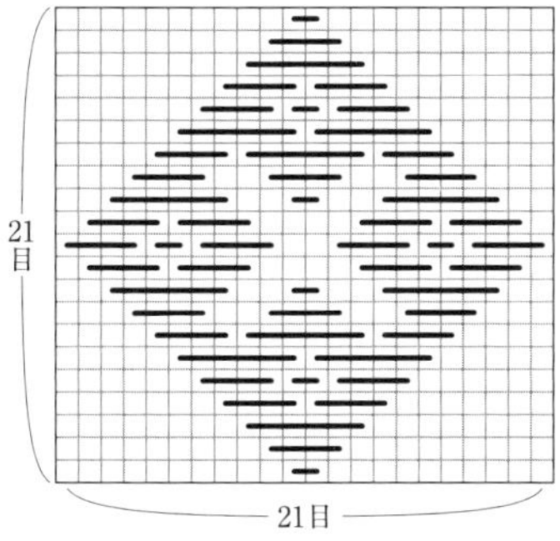

糸目入りふくべ

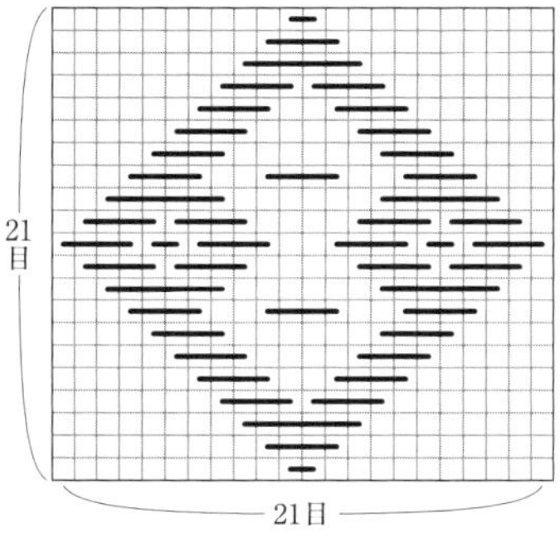

だんぶり（とんぼ）

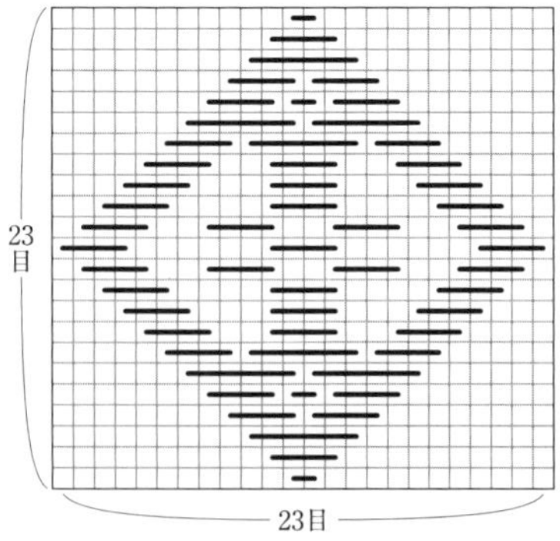

胡桃(くるみ)の殻

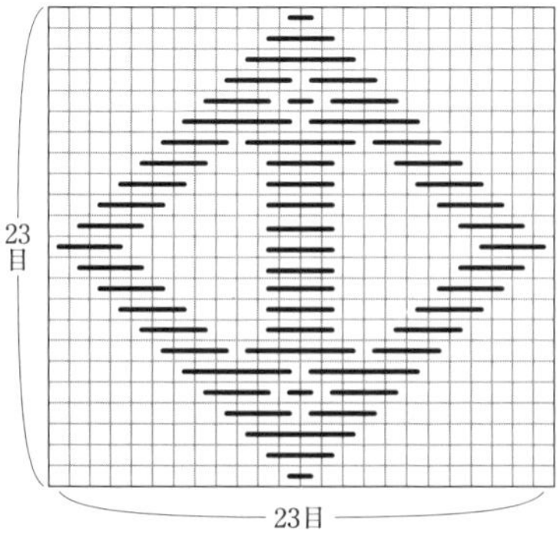

→ photo page 32,33

刺しゅう布…コングレス1cm角=7目×7.5目 紺
DMC 25番刺しゅう糸…白（BLANC）

花っこ

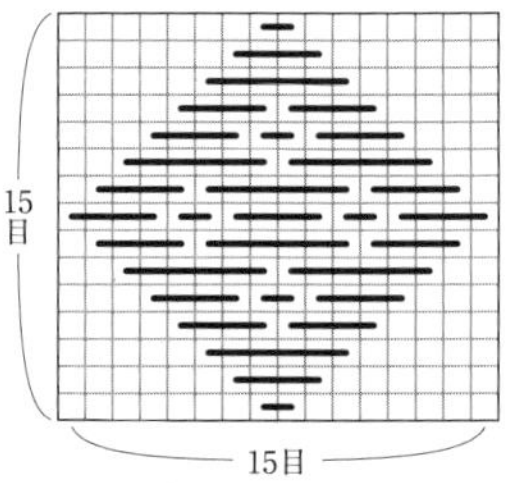

小枕1

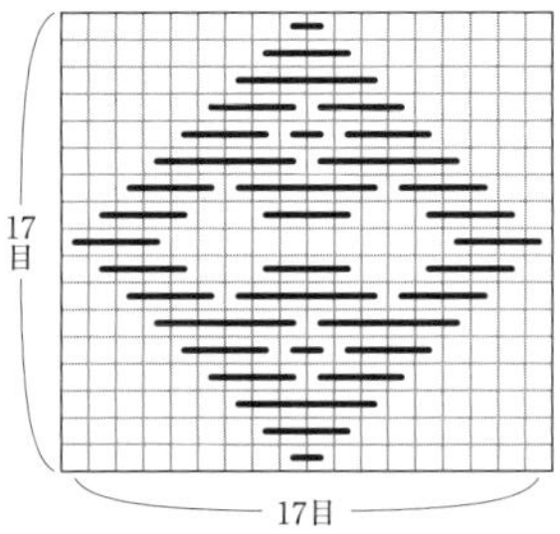

小枕2

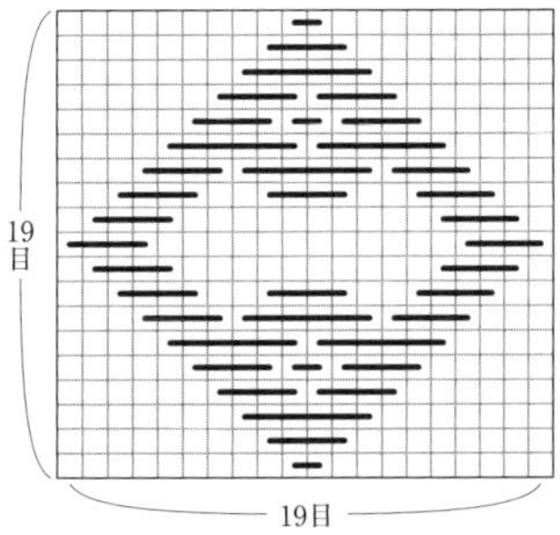

四つ豆っこ

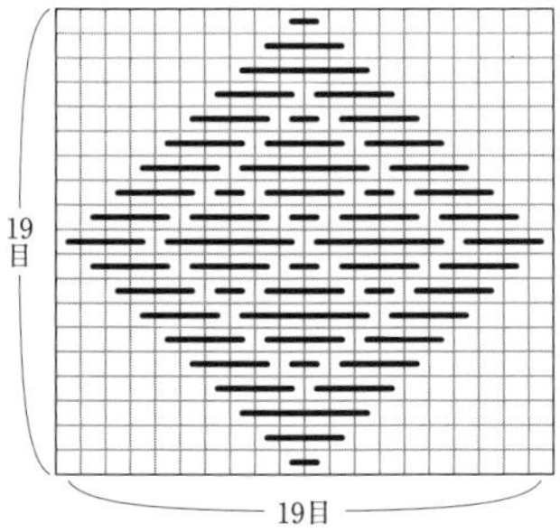

石だたみ1

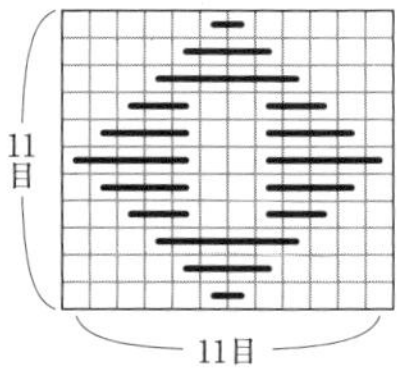

石だたみ2

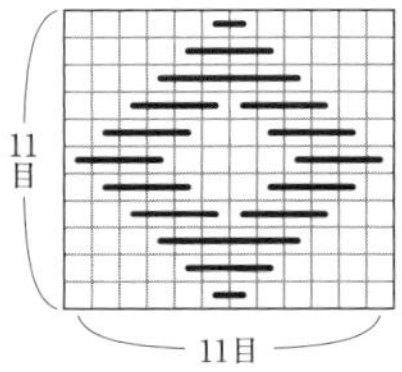

糸目入り石だたみ

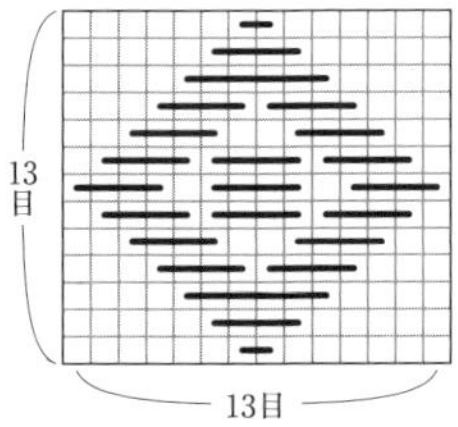

糸目入り豆

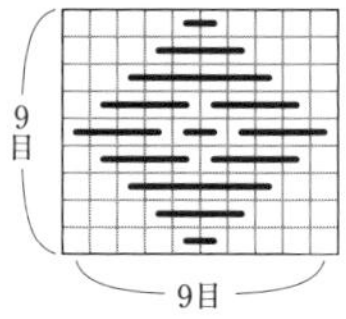

石だたみ3

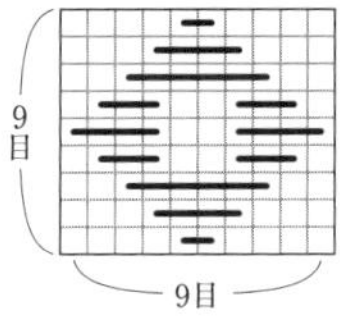

豆

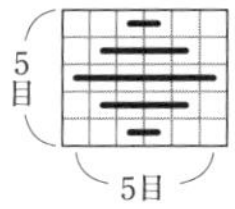

3の流れ 1本

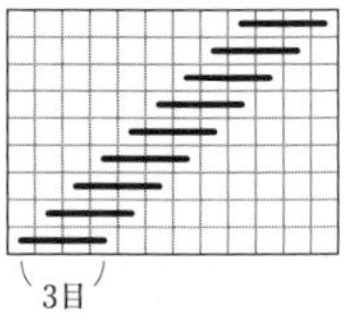

3の流れ 2本

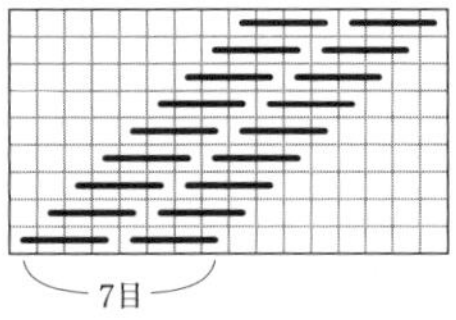

3の流れ 3本

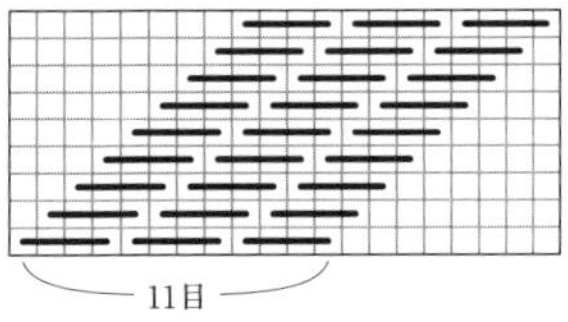

→ photo page 33

刺しゅう布…コングレス1cm角=7目×7.5目 紺
DMC 25番刺しゅう糸…白(BLANC)

井戸枠

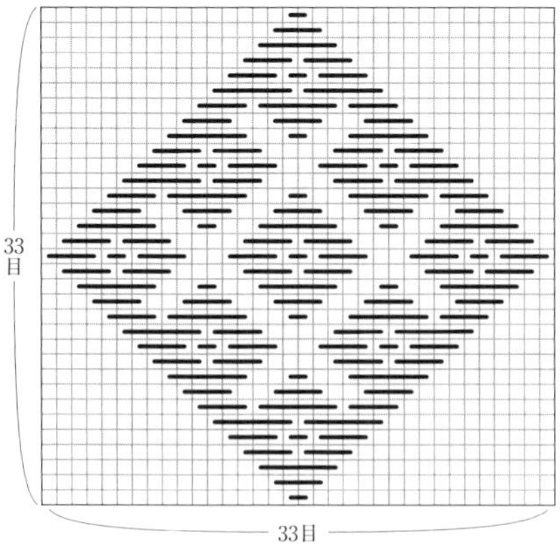

てこな

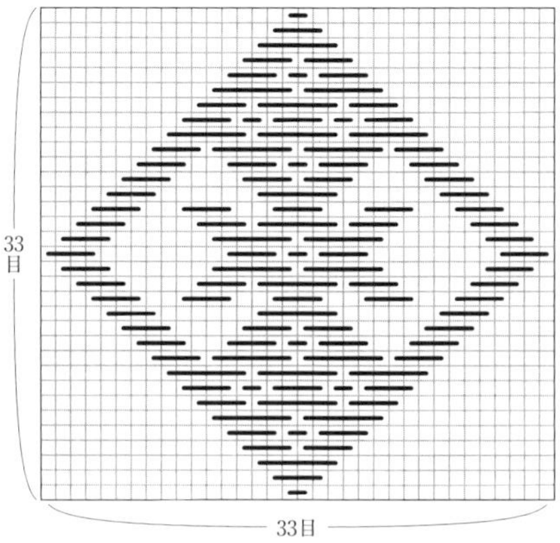

島田刺し

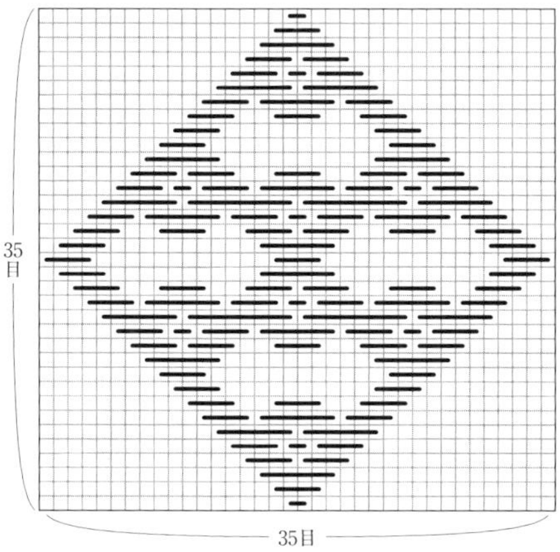

胡桃（くるみ）の殻

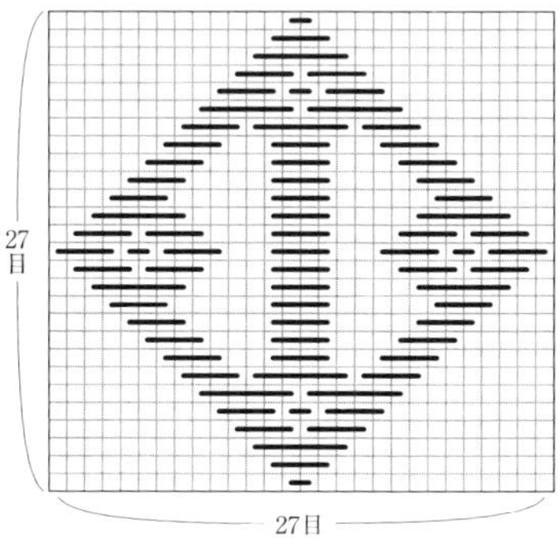

猫の眼

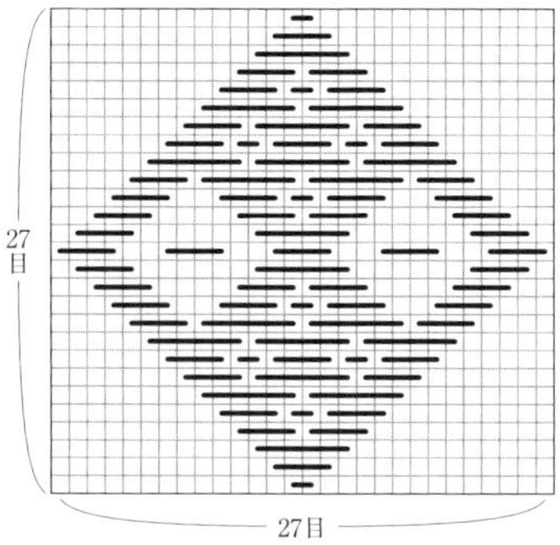

まんじ

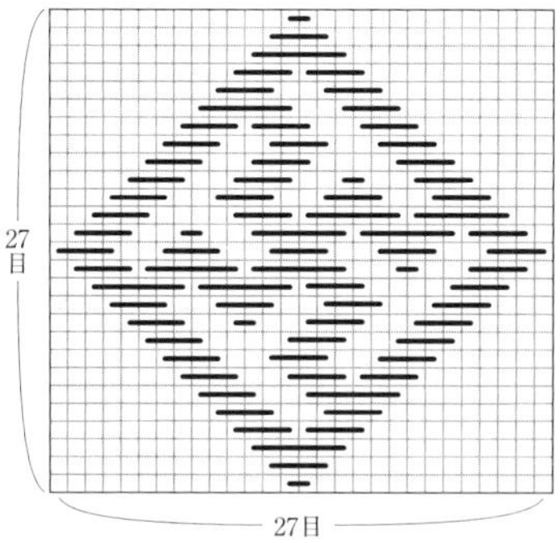

猫の足

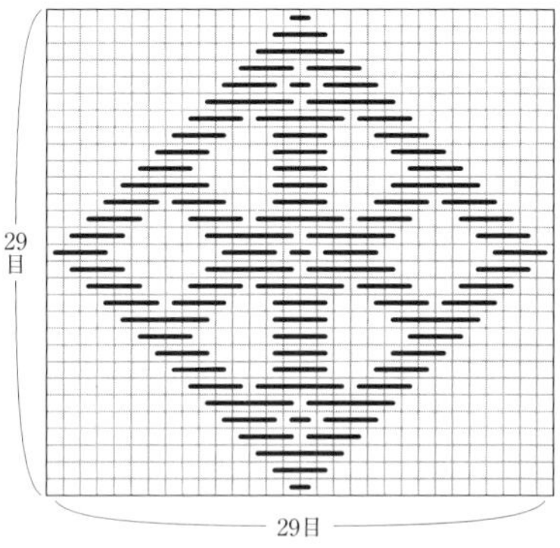

→ **photo page 34**

刺しゅう布…コングレス1cm角=7目×7.5目 紺
DMC 25番刺しゅう糸…白(BLANC)

一つ花っこ 1

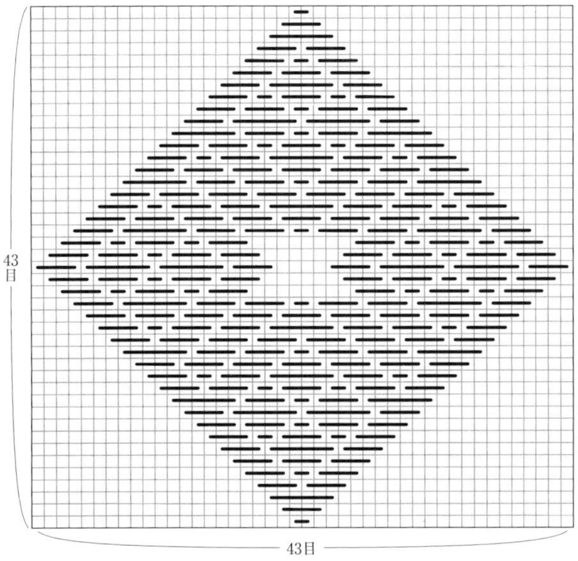

一つ花っこ 2

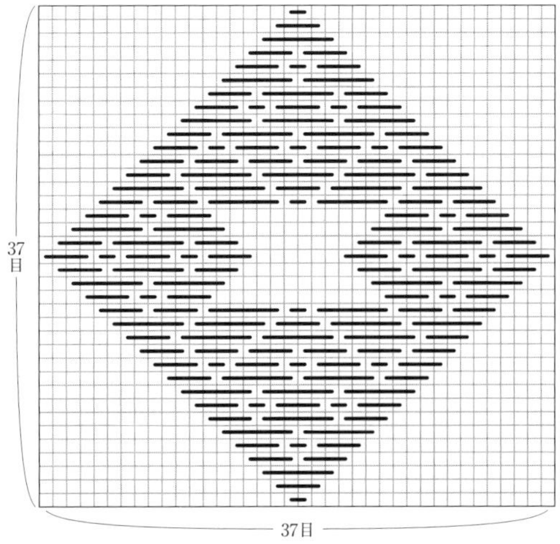

車刺し 1

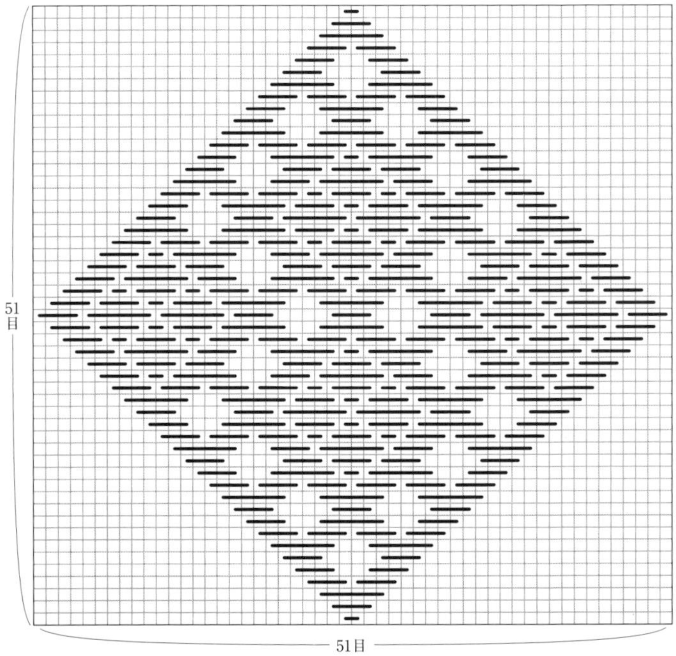

photo page 35

刺しゅう布…コングレス1cm角=7目×7.5目 紺
DMC 25番刺しゅう糸…白(BLANC)

車刺し2

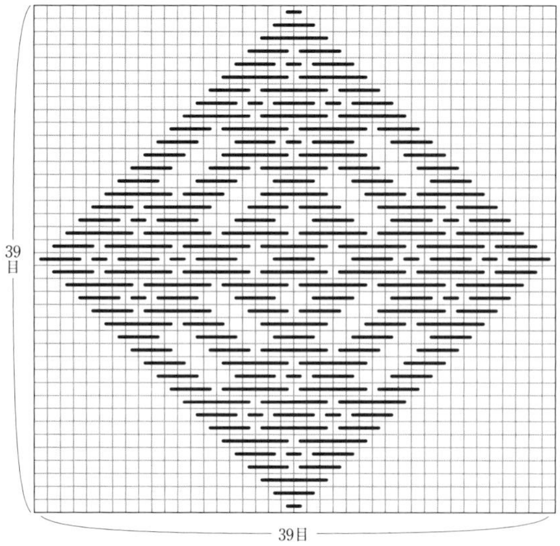

べこ(牛)の足

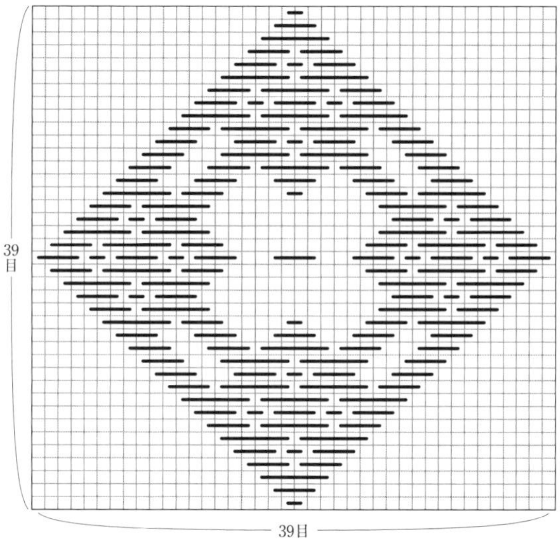

四つ花っこ

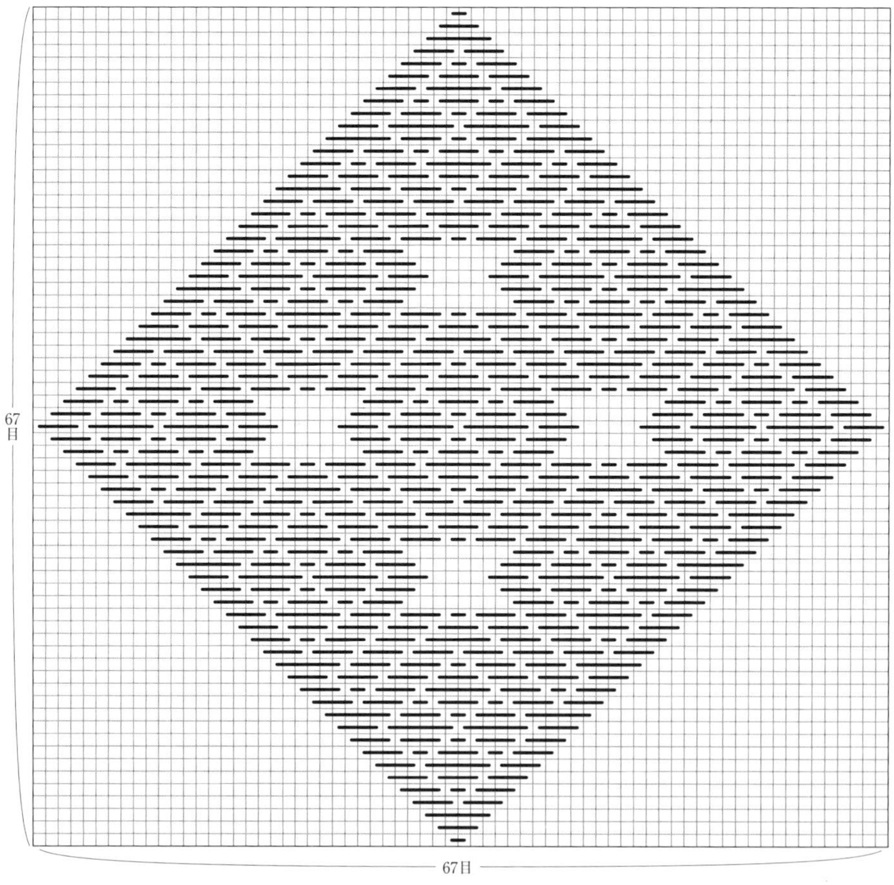

⇢ **photo page 35,36**

刺しゅう布…コングレス1cm角=7目×7.5目 紺
DMC 25番刺しゅう糸…白(BLANC)

矢の羽入り胡桃(くるみ)の殻

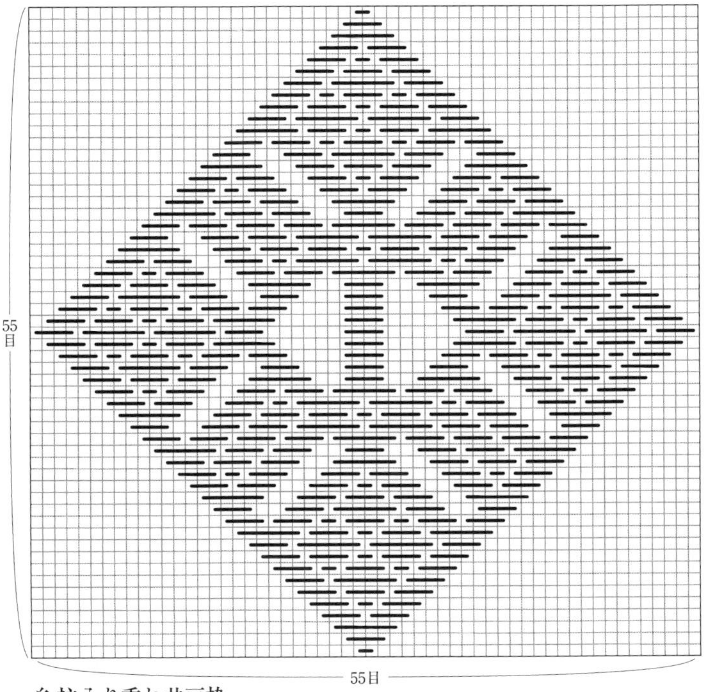

糸柱入り重ね井戸枠

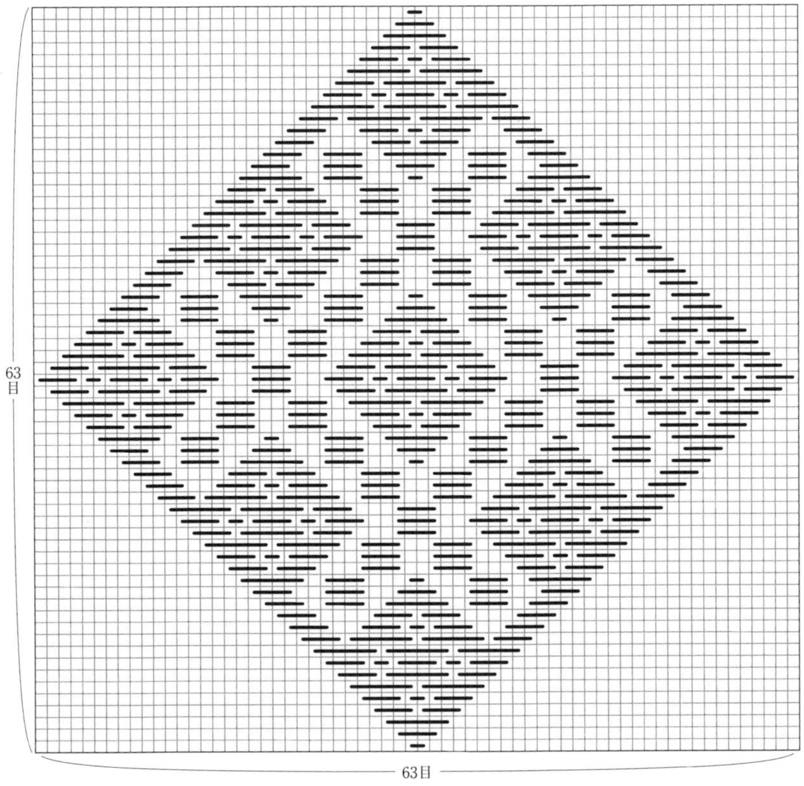

-> photo page 36

刺しゅう布…コングレス1cm角=7目×7.5目 紺
DMC 25番刺しゅう糸…白(BLANC)

重ね井戸枠

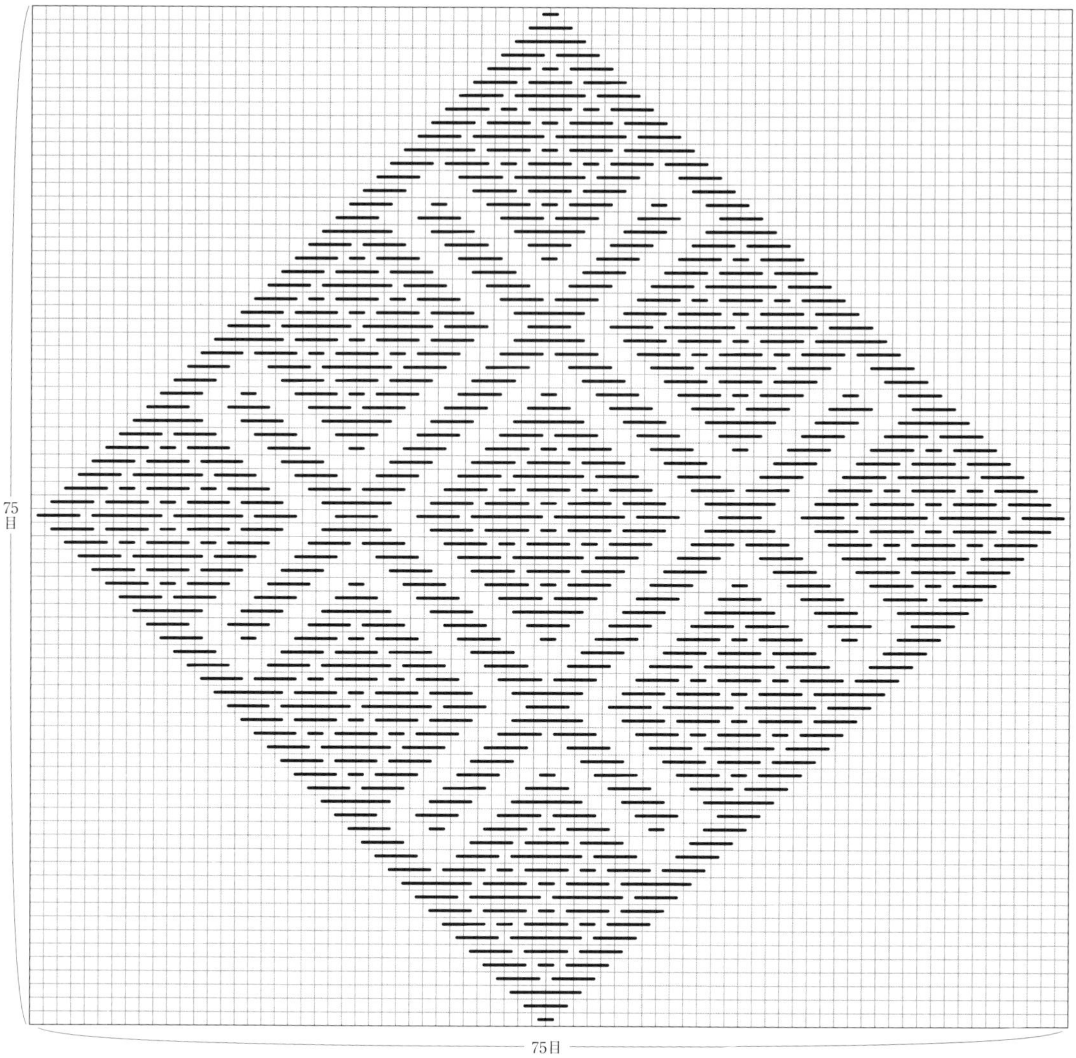

.:> **photo page 37**

刺しゅう布…コングレス1cm角=7目×7.5目 紺
DMC 25番刺しゅう糸…白(BLANC)

紗綾型くづし

photo page 38

刺しゅう布…コングレス1cm角=7目×7.5目 紺
DMC 25番刺しゅう糸…白(BLANC)

車刺しべた刺し

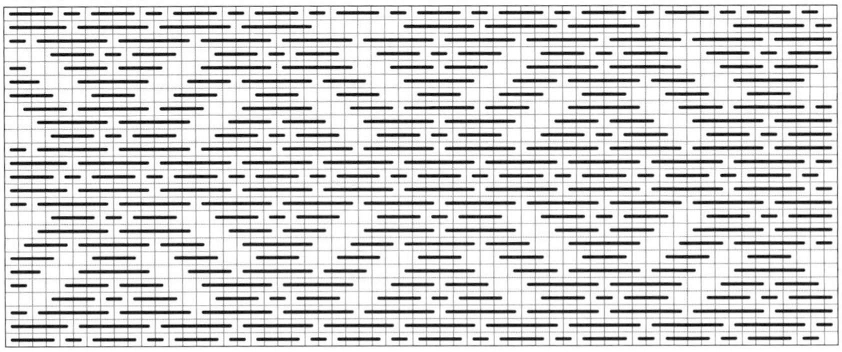

紗綾型べた刺し

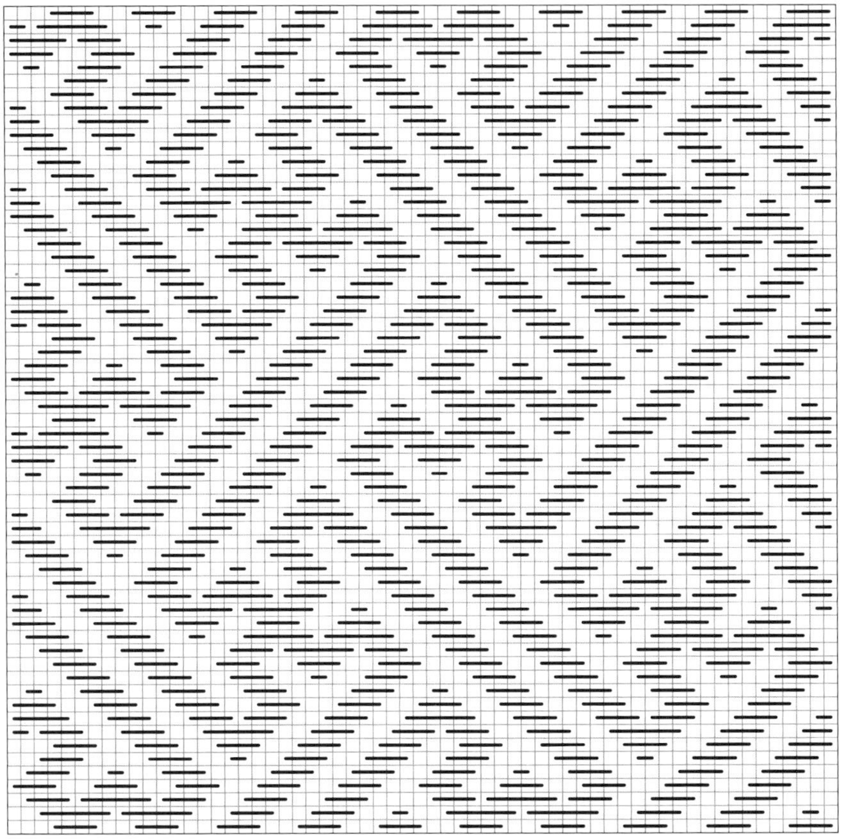

photo page 39

刺しゅう布…コングレス1cm角=7目×7.5目 紺
DMC 25番刺しゅう糸…白(BLANC)

→ photo page 6,7

ミニ・センター

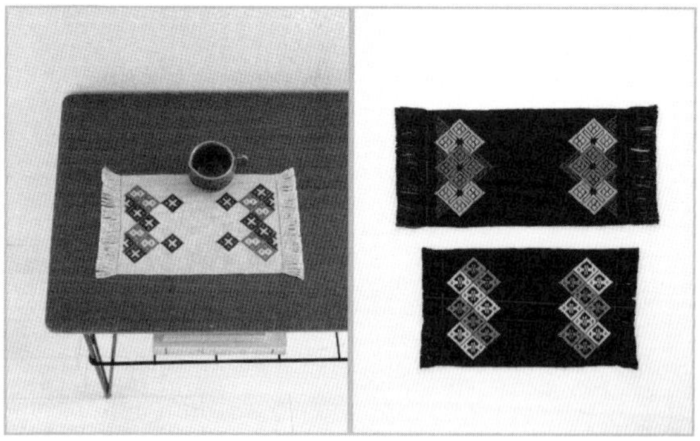

［材料］

・刺しゅう布…コングレステープ（1cm角＝7目×7.5目）
左 ベージュ 幅14cm×25cm、
右上 紺 幅14cm×30cm
・DMC 25番刺しゅう糸…左 カーキ（3021）淡茶（840）、
右上 グレー系（317・318・3799）
・かがり糸…左 ベージュ、右上 紺

［できあがりサイズ］

左 14cm×25cm、右上 14cm×30cm

作り方 27～30ページを参照して作る。

配置・配色図

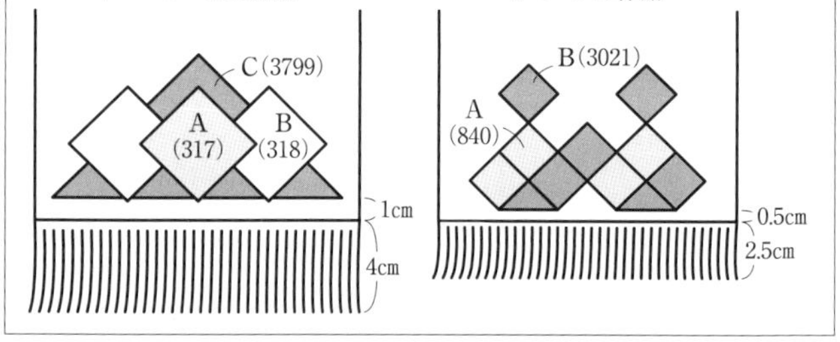

6ページの作品

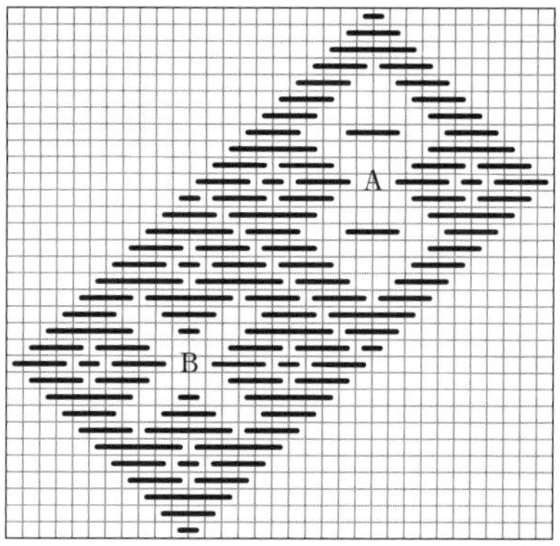

7ページ・上の作品

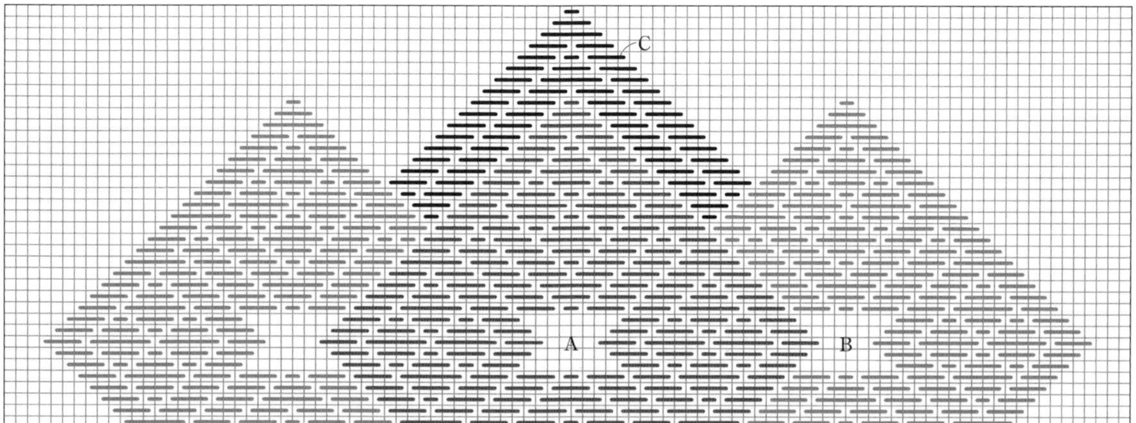

photo page 4,5

クッション

［材料］

- 刺しゅう布…コングレス（1cm角＝7目×7.5目）グリーン 大41cm角、小31cm角
- DMC 25番刺しゅう糸…グリーン系 大（469・470・772）、小（469・470）
- 後布…ラムース（スエード調人工皮革）ベージュ 大41cm角、小31cm角
- 接着芯…薄手 大41cm角、小31cm角
- ファスナー…大37cm、小27cm
- ヌードクッション…大40cm角、小30cm角

［できあがりサイズ］

大38cm角、小28cm角

作り方 刺しゅう布と図案の中央を合わせ、刺しゅうをしてから布を裁ち、図のように縫って仕立てる。

①前面に刺繍をして裏に接着芯を貼り、
前・後面とも周囲にロック（またはジグザグ）ミシンをかける。

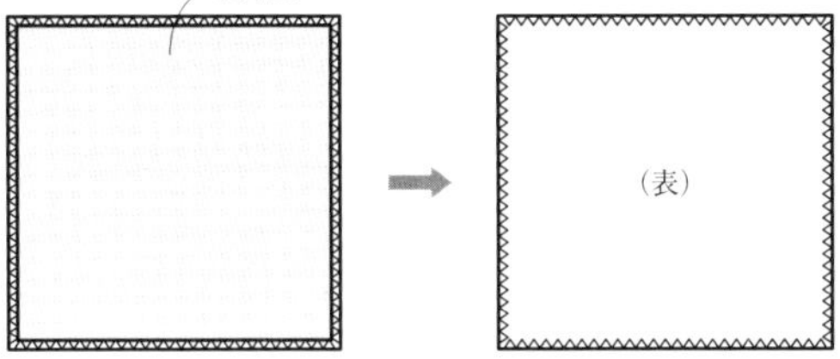

②前・後面を中表に合わせて
ファスナー位置にしつけをかける。

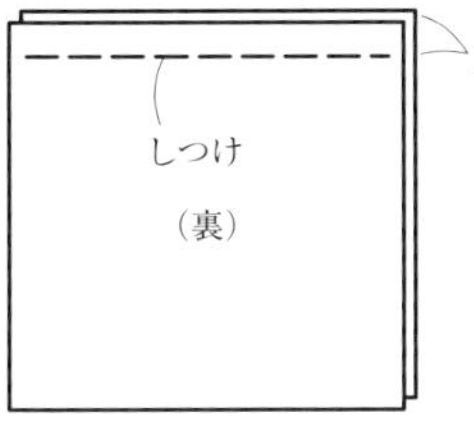

③ ②の縫い代を割り、ファスナーを
しつけでとめる。

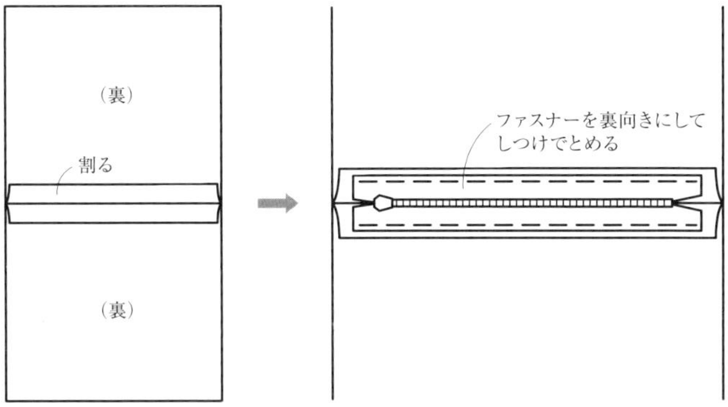

④ファスナーを縫いつける。

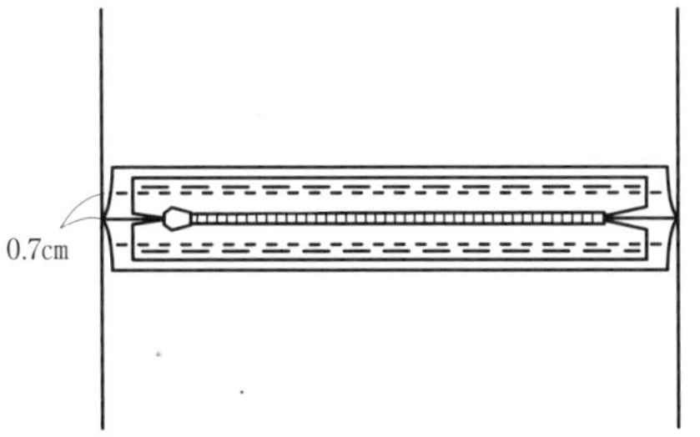

⑤しつけをはずし、ファスナーを
あけてから周囲を縫い、表に返す。

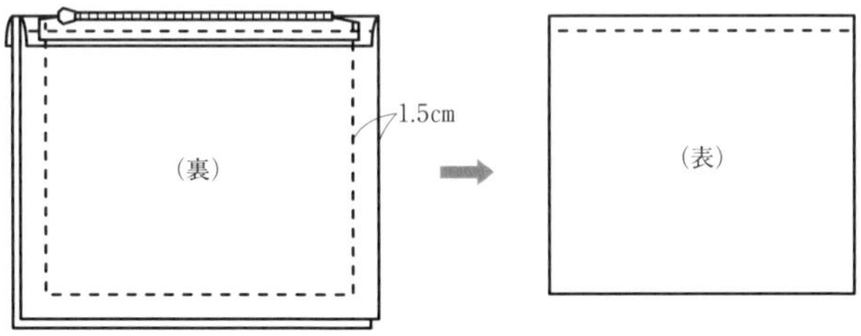

寸法・配置・配色図

・前・後面とも周囲に縫い代1.5cmをつけて裁つ。

クッション（小）

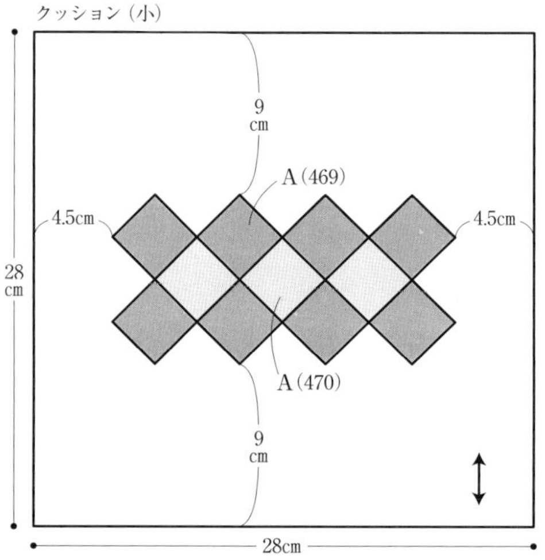

クッション（大）

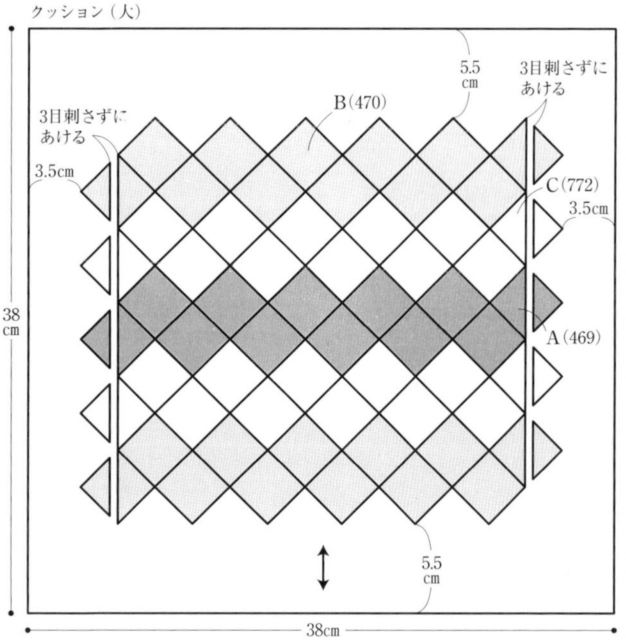

図案

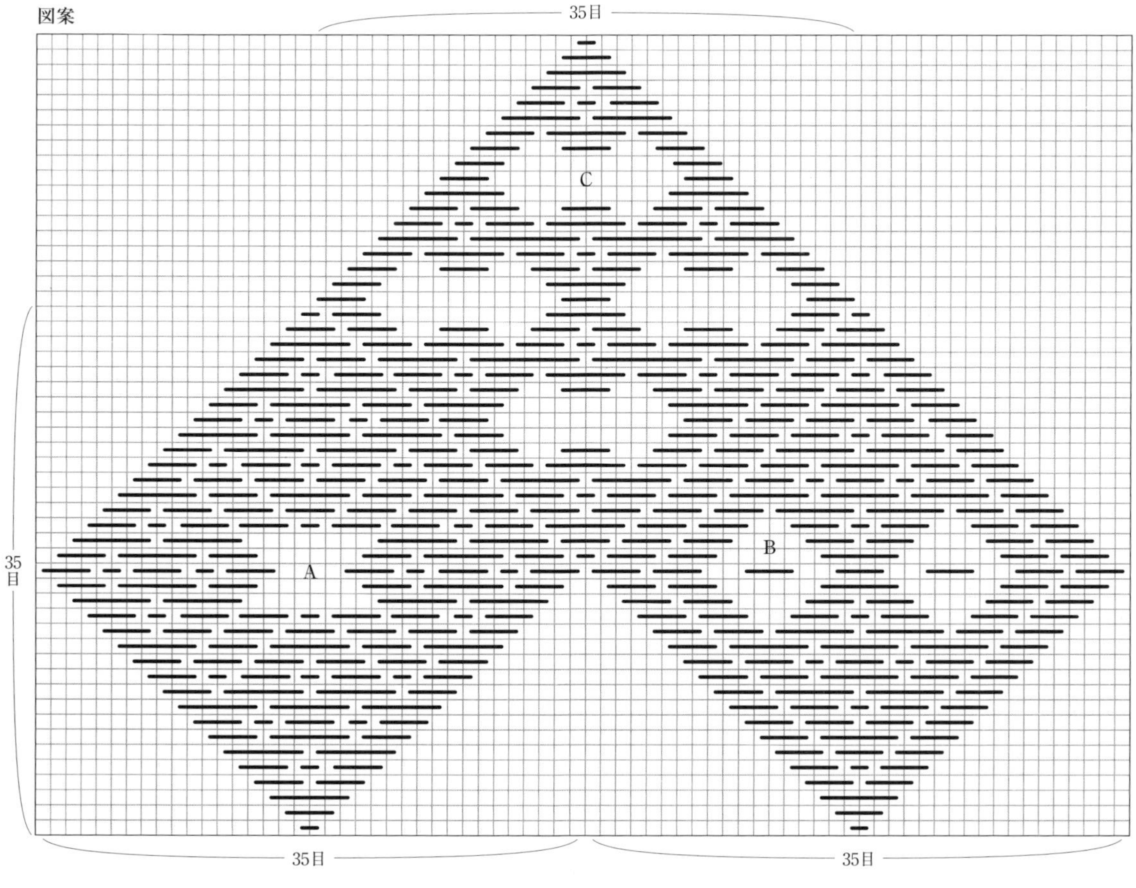

photo page 10,11

コースター

［材料］
- 刺しゅう布…コングレス（1cm角＝7目×7.5目）グリーン、紺、茶、オレンジ、マスタード 各25cm角
- DMC 25番刺しゅう糸…グリーン（502）、紺（312）、茶（420）、オレンジ（921）、マスタード（869）

［できあがりサイズ］
図参照

作り方 表布に刺しゅうをしてから裁ち、右図のように仕立てる。

図案

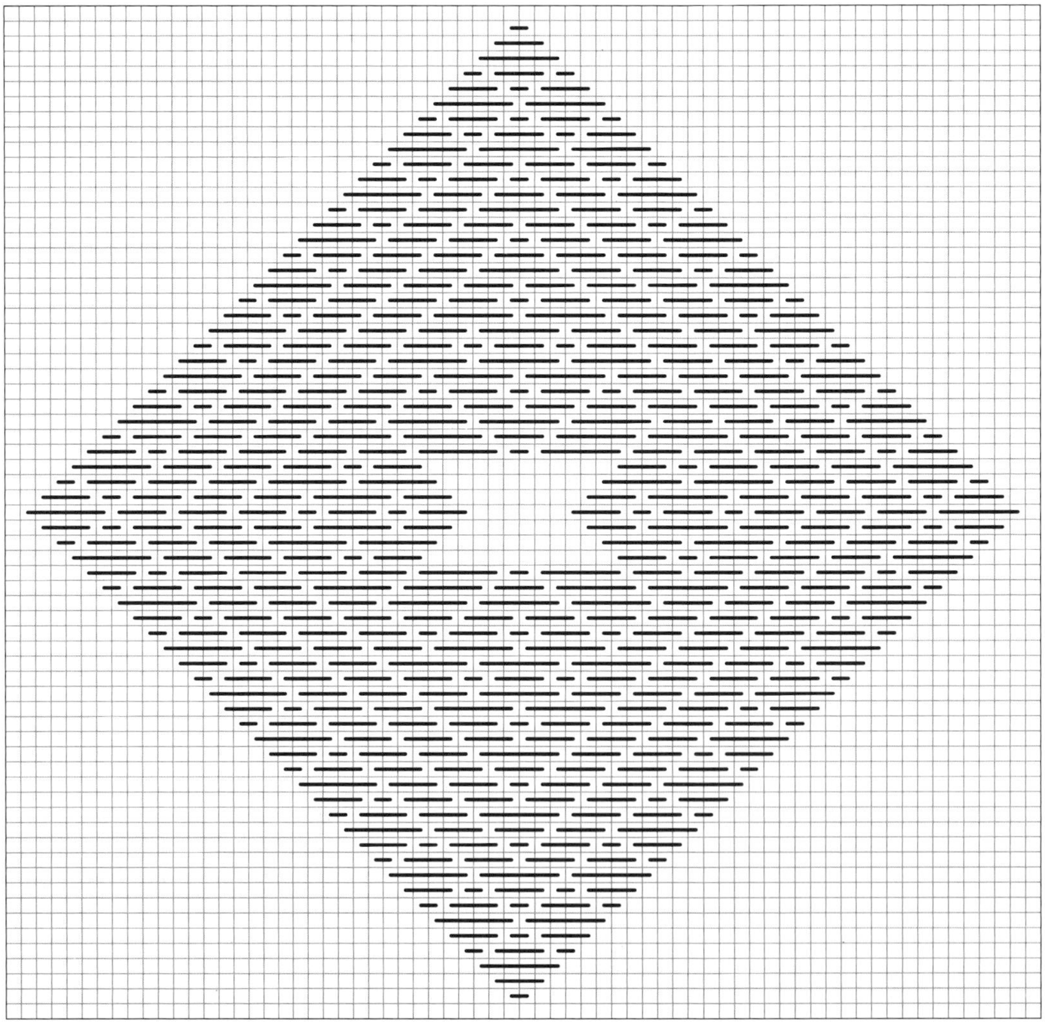

①表布に刺しゅうをしてから
縫い代をつけて裁つ。

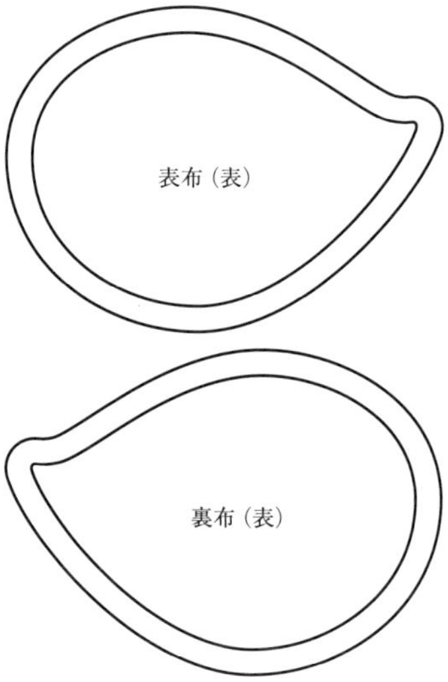

② ①を中表に合わせて縫う。

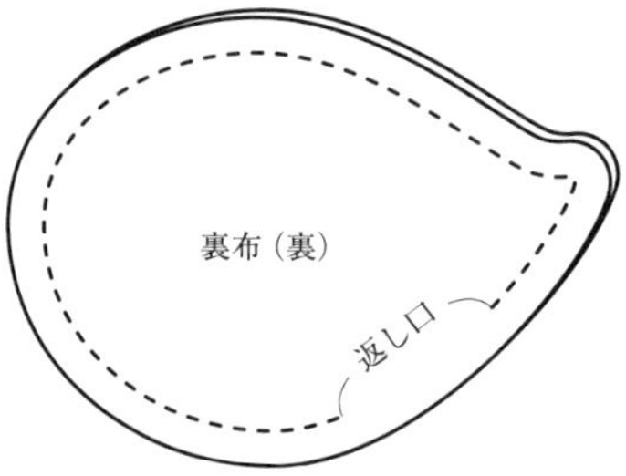

③返し口から表に返して、
返し口をとじ、左側をつまんで、
糸を通して結ぶ。

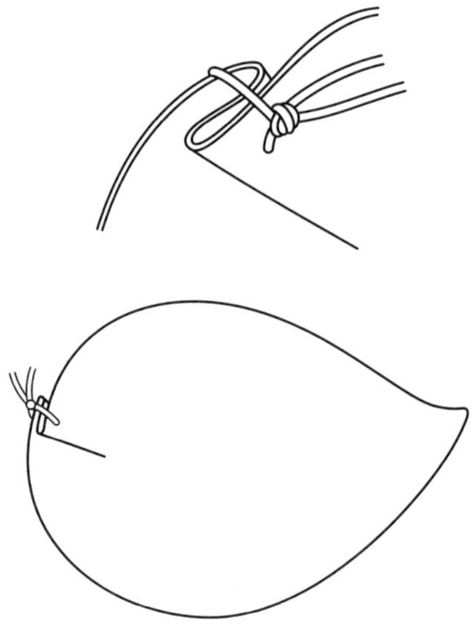

型紙（実物大）

・周囲に縫い代1cmをつけて裁つ。

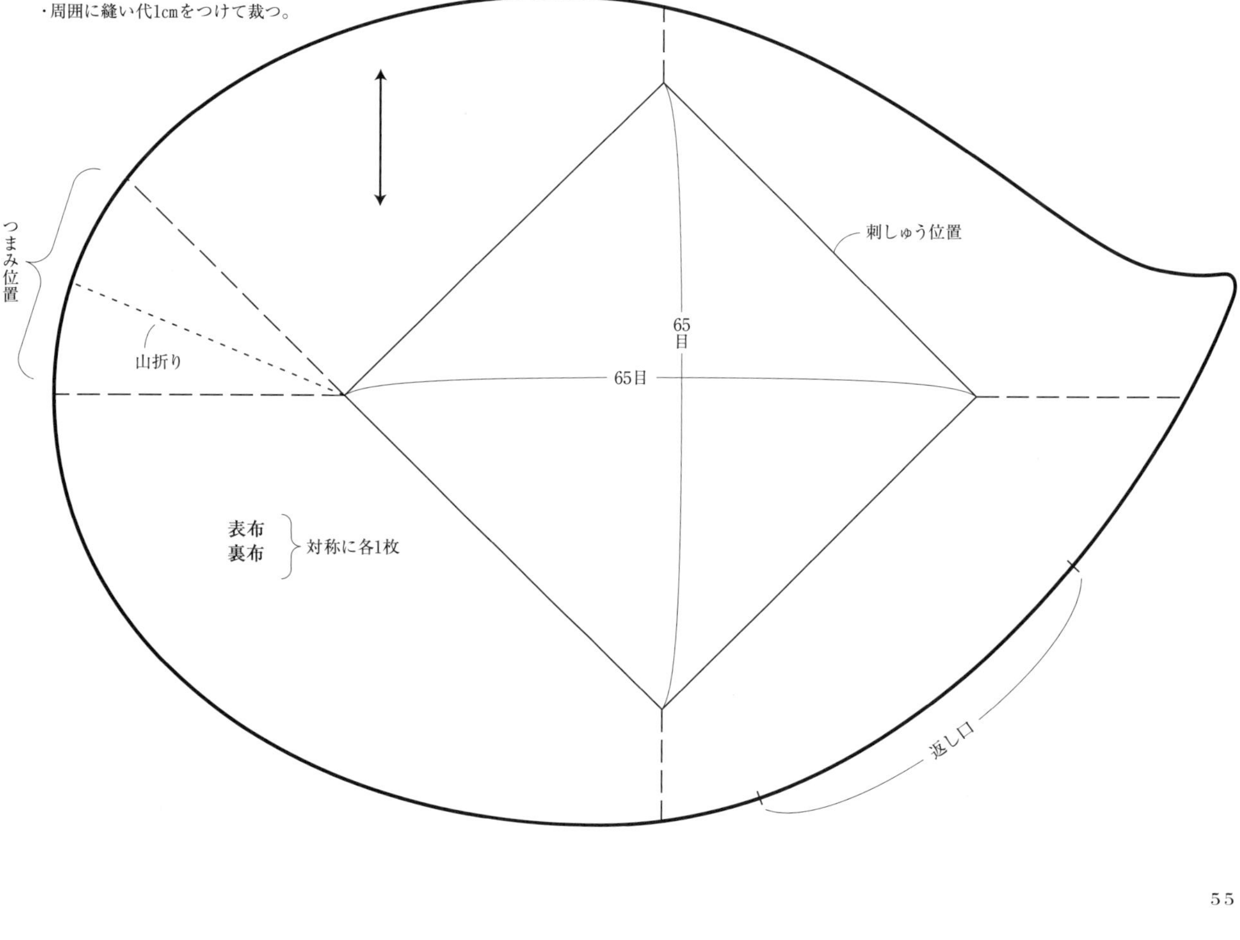

→ photo page 12

ペンケース

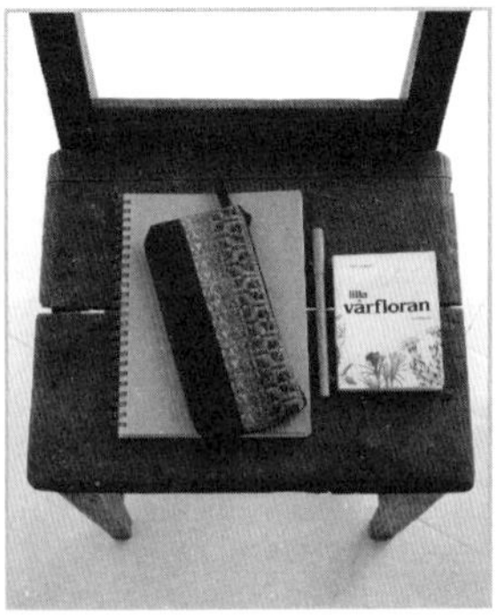

［材料］

・半製品のペンケース 刺しゅう部分・麻地（1cm 角＝7目×7目）
・DMC 25番刺しゅう糸…赤茶系（3777・3857）、オレンジ系（740・900）

［できあがりサイズ］

刺しゅう部分 5cm × 19cm

作り方

ペンケース（刺しゅう布つきの半製品）に図のように色を換えて刺しゅうをする。

図案と配色

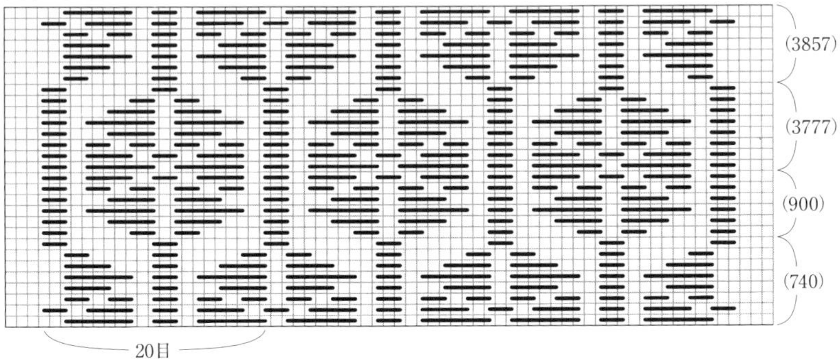

→ photo page 17

オーナメント

［材料］

・刺しゅう布…上、下 麻（1cm 角＝7目×7目）ベージュ 6cm × 7cm、
　　　　　中 コングレス（1cm 角＝7目×7.5目）赤 6cm × 7cm
・DMC 25番刺しゅう糸…上 グリーン(3812)、中 オレンジ(970)、下 イエロー(743)
・カルトナージュ用のフォトホルダー 8cm 角
・厚紙 6cm × 7cm

［できあがりサイズ］

8cm 角

作り方

刺しゅう布全面に刺しゅうをする。裏側に厚紙を貼って補強をし、ホルダーに飾る。

下・図案（743）

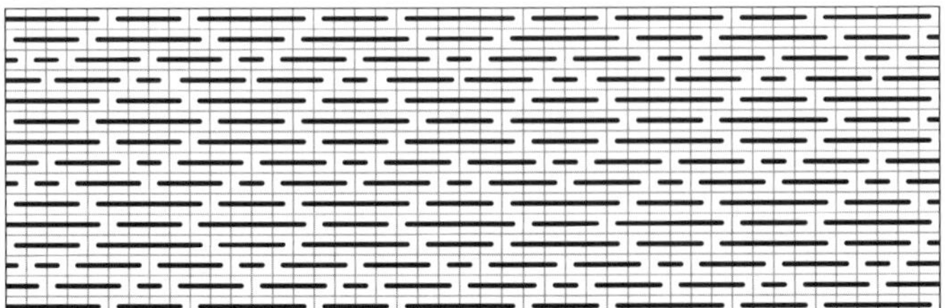

・42ページを参照して、上の作品はウロコ(3812)
　中の作品は市松(970)で刺しうめる。

⇢ photo page 13

小もの入れ

［材料］
・刺しゅう布…左 麻（1cm角＝10目×10目）ベージュ15cm角、
　右 コングレス（1cm角＝7目×7.5目）赤15cm角
・DMC 25番刺しゅう糸…ベージュ 左(779)、右(452)
・半製品の小もの入れ…刺しゅう布はめ込み部分の直径7.5cm

［できあがりサイズ］
小もの入れの直径9.5cm

刺し方　刺しゅうをして半製品の小もの入れのふたにはめ込む。

左の図案・亀甲(779)

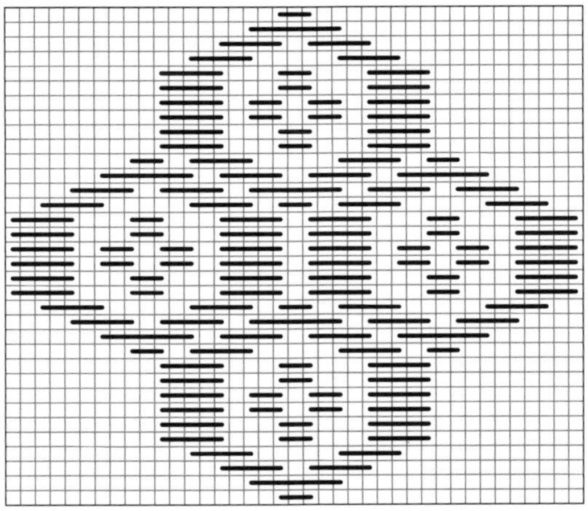

右の図案・梅の花っこ(452)

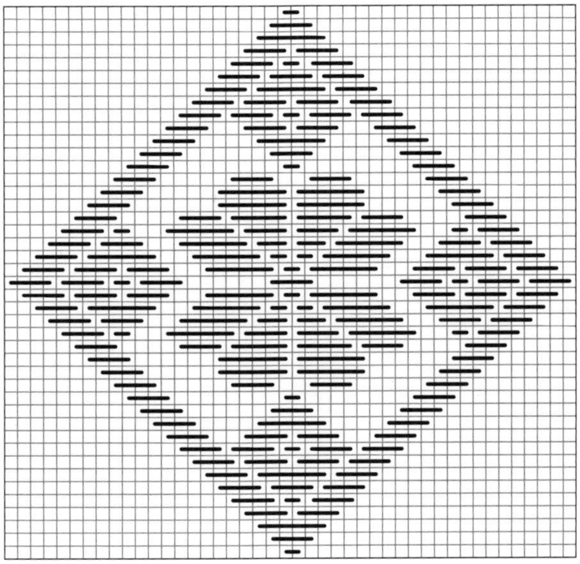

→ photo page 14,15

ティー・コージーとマット

［材料］

・刺しゅう布…幅 21cm の麻テープ（1cm 角＝ 10 目× 10 目）
　ベージュに白のチェック
　ティー・コージー 41cm、マット 35cm
・DMC 25番刺しゅう糸…水色（747）ピンク（818）黄色（3078）
・キルト芯、内布…ティー・コージーのみ 21cm × 37cm
・幅 3cm の麻バイアステープ…ティー・コージーのみ 51cm

［できあがりサイズ］

ティー・コージー 19cm × 21cm、マット 32cm × 21cm

作り方　それぞれ、麻テープのチェック模様のマスに刺しゅうをして図のように仕立てる。

ティーコゼー

①表布にキルト芯、内布をのせる。

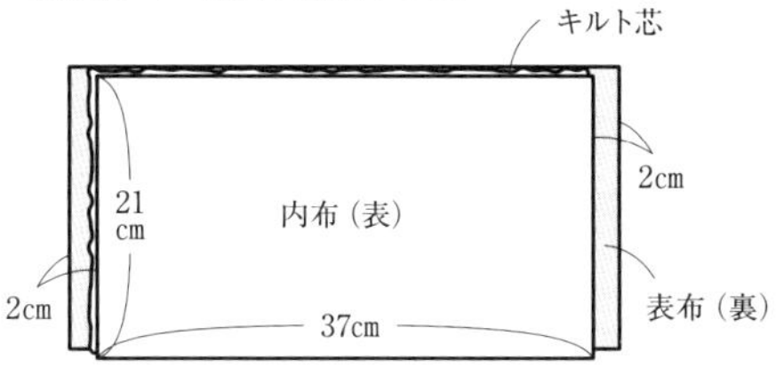

②両端を3つ折りにし、内布とキルト芯を
はさむようにミシン・ステッチで押さえる。

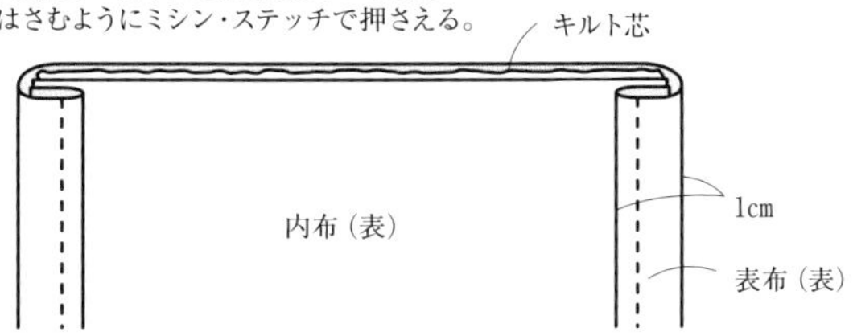

③テープ9cmを図のように折り、
中央に持ち手をつける。

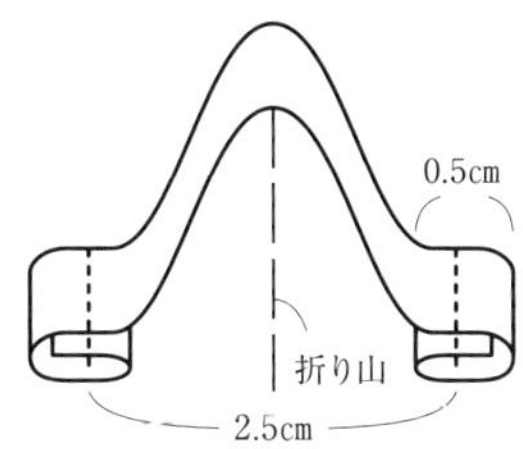

④2つに折って両サイドをパイピングする。

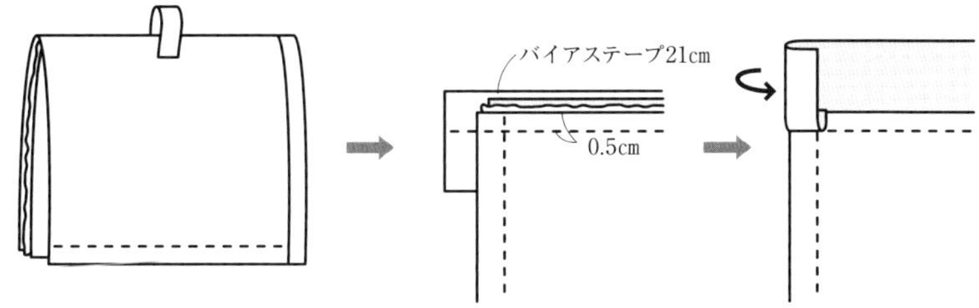

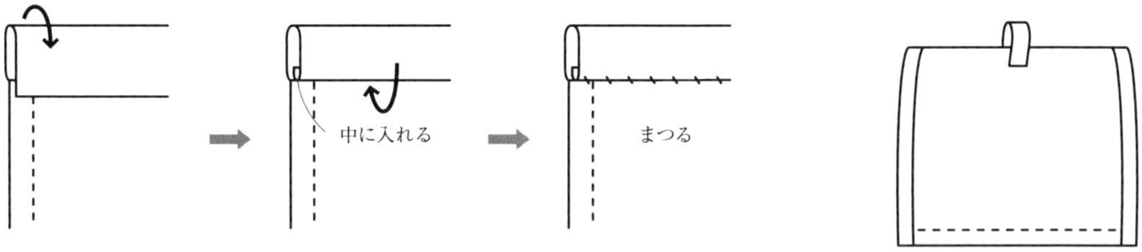

ティーマット

①両端を3つ折りにしてミシンをかけ、表に返す。

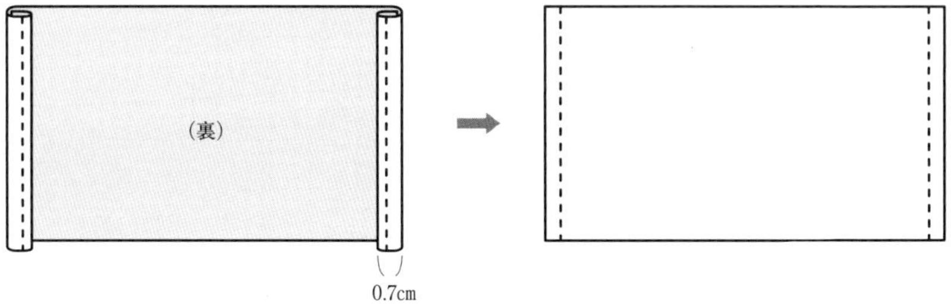

配置図

		B	**A**	**C**			
			A				
	C			B			
	A		**C**				
			A		B		
							☆
		B		A			
				B	C		
	B	C					
			A				
		A	**B**	**C**			

・マットには太字部分のみ刺しゅうする。
・マットは☆部分を含まない。

図案

A (747)

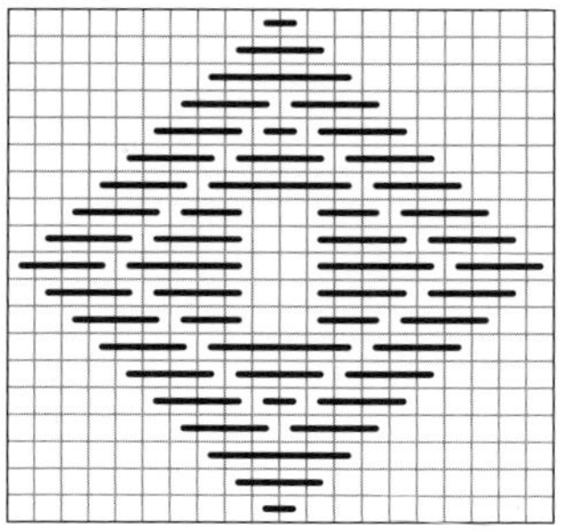

B (818)

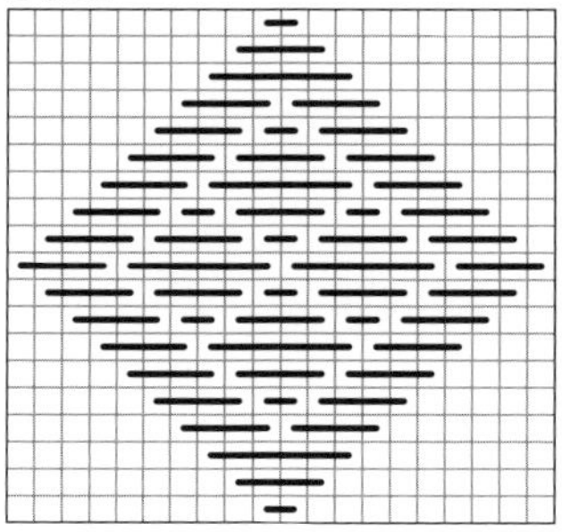

C (3078)

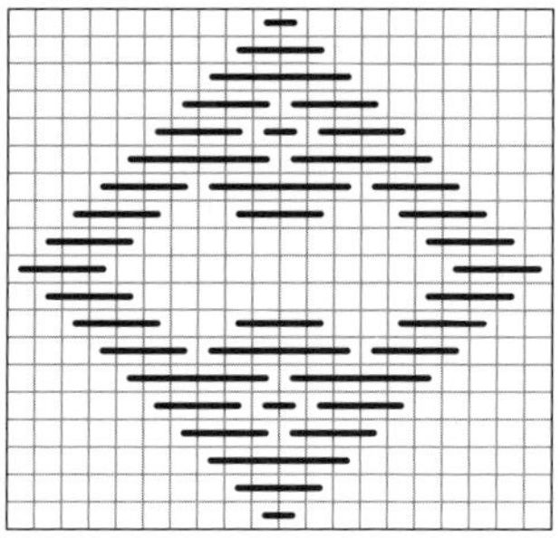

⇢ photo page 16

ポ ー チ

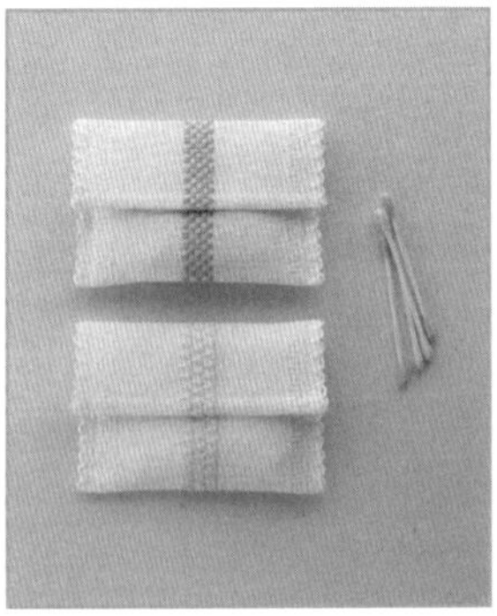

［材料１点分］
- 刺しゅう布…幅12cmのリネンテープ（1cm角＝10目×10目）白24.5cm
- DMC 25番刺しゅう糸…ピンク(224) または (818)
- 接着芯…薄手 11cm × 24cm

［できあがりサイズ］

8.5cm × 12cm

作り方　リボンテープの中央に刺しゅうをして図のように仕立てる。

①裏に接着芯を貼る。　②両端を3つ折りにしてまつる。　③片側を折って端にミシンをかける。

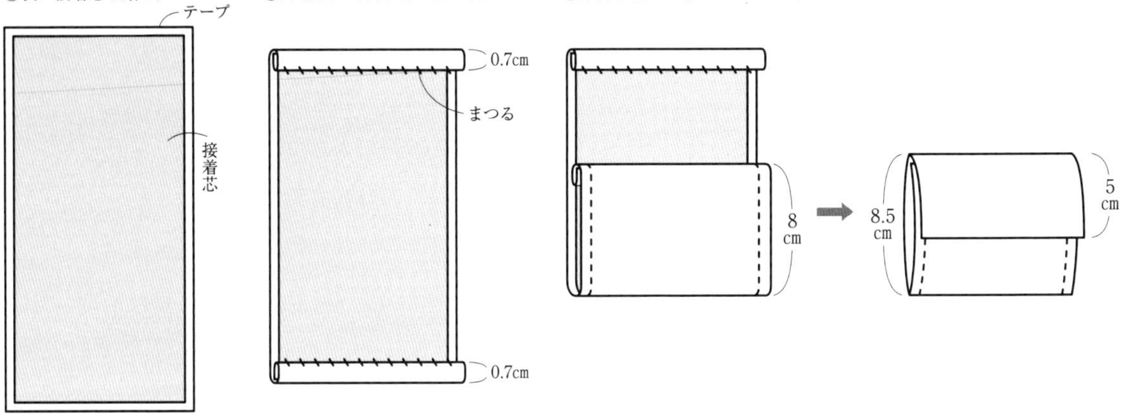

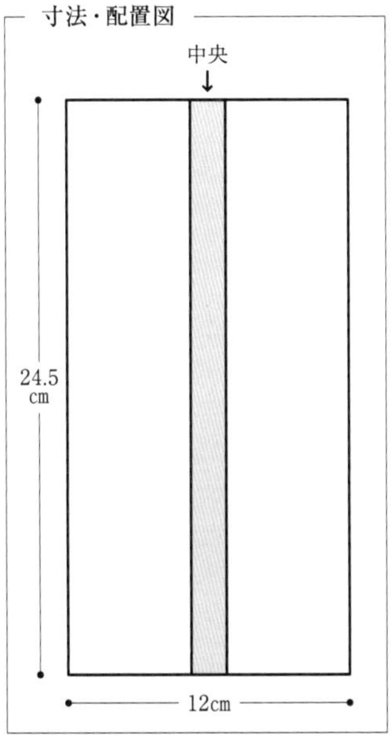

図案

上の作品 (224)

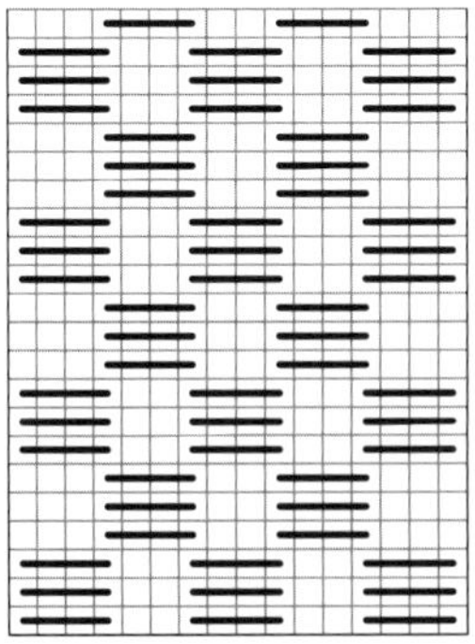

下の作品 (818)

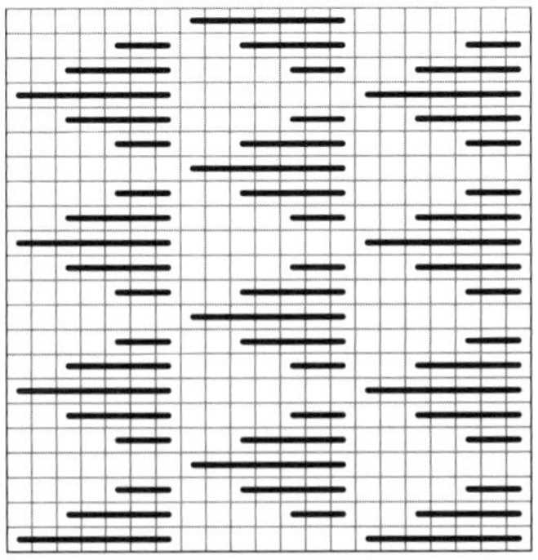

→ photo page 18,19

ミニ・バッグ

［材料］

・半製品の麻バッグ（1cm角＝10目×10目）
・DMC 25番刺しゅう糸…
　ブルー系（336・803・823・939）、
　ブラウン系（433・838）

［できあがりサイズ］

バッグ 18cm × 15cm

配置図

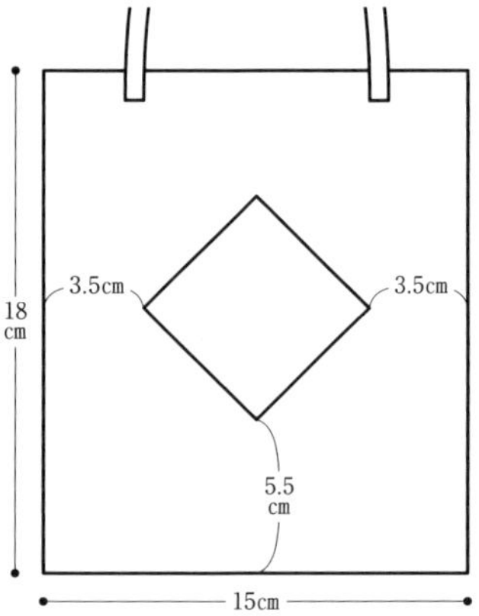

・バッグの中央より、やや上よりに刺す。

刺し方 半製品の麻バッグに刺しゅうをする。

ブルー系の図案と配色

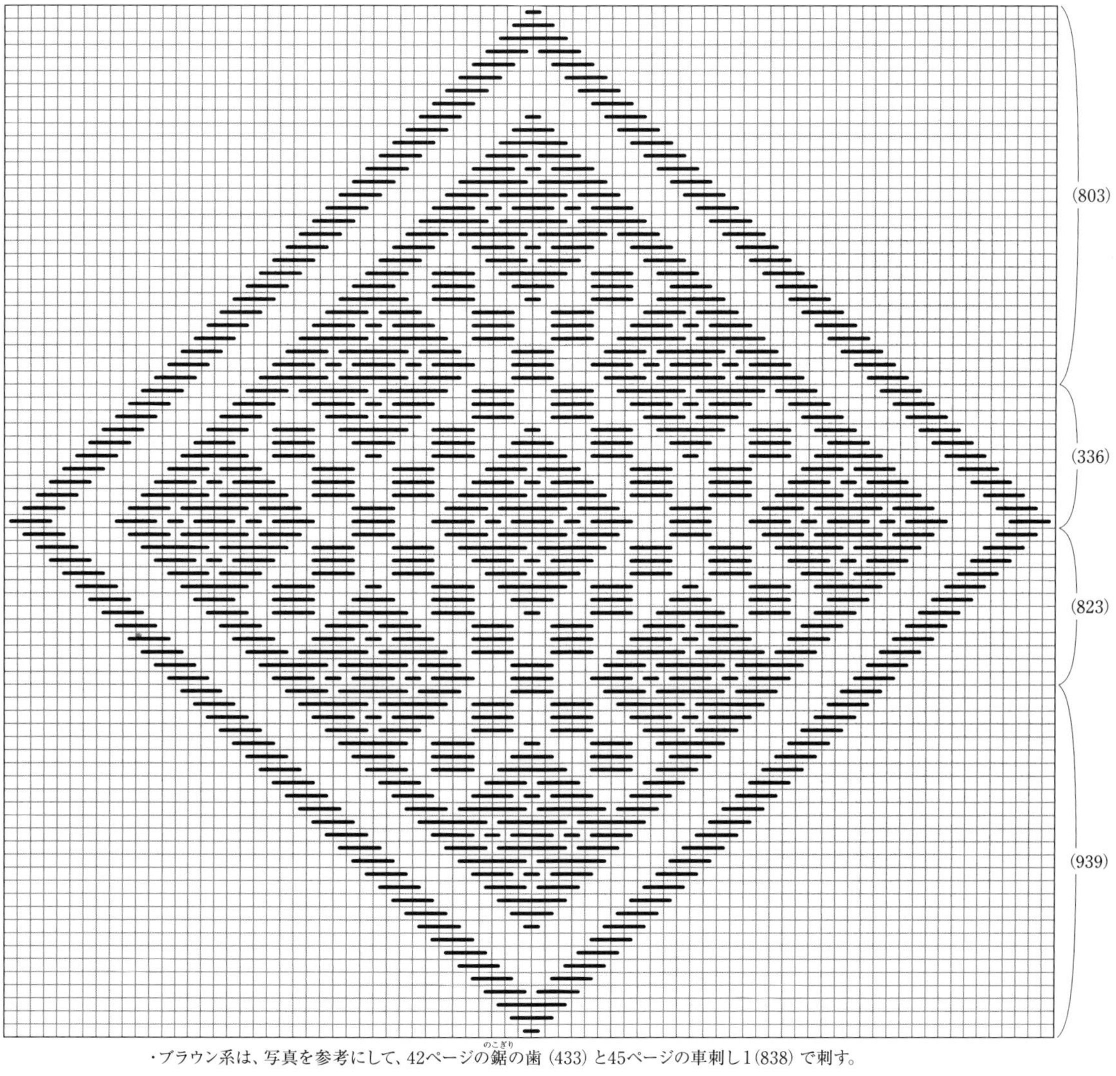

・ブラウン系は、写真を参考にして、42ページの鋸（のこぎり）の歯（433）と45ページの車刺し1（838）で刺す。

→ photo page 20,21

がま口、三つ

［材料］
- 刺しゅう布…コングレス（1cm 角 = 7 目 × 7.5 目）紺
  左 40cm × 25cm、中 28cm × 20cm、右 20cm × 13cm
- DMC 25番刺しゅう糸…ピンク系（601・3803）
- 内布…コットン地 紺 各作品とも刺しゅう布と同量
- 口金…左 長径 16.5cm の角型、中 長径 15cm の半円型、
  右 長径 7.5cm の半円型
- かがり糸…ナイロン糸

［できあがりサイズ］

左 深さ 15cm 幅 21cm、中 深さ 11cm 幅 14.5cm、右 深さ 8cm 幅 8.5cm

作り方 コングレスに刺しゅうをしてから図のように縫い、口金をつける。

①表布、内布それぞれのわきを
縫い止まりまで縫う。

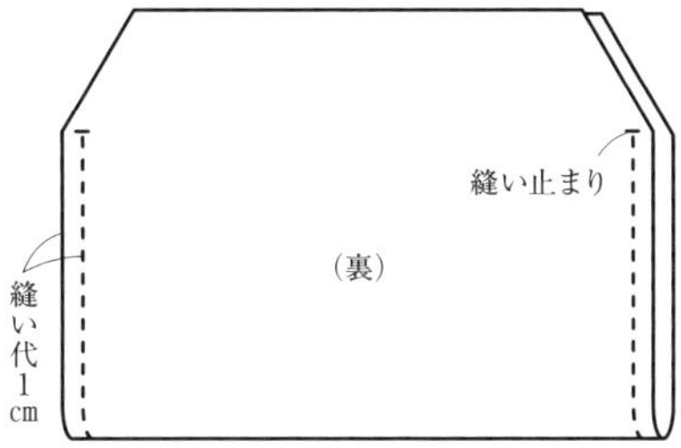

②マチを縫う。

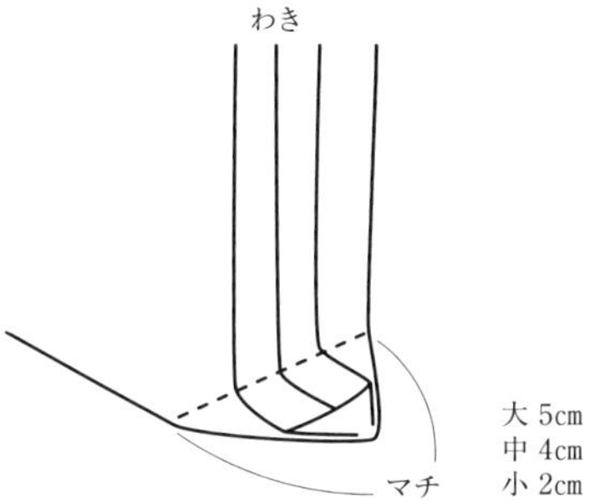

③表布、内布それぞれの
口部分の縫い代を1cm折る。

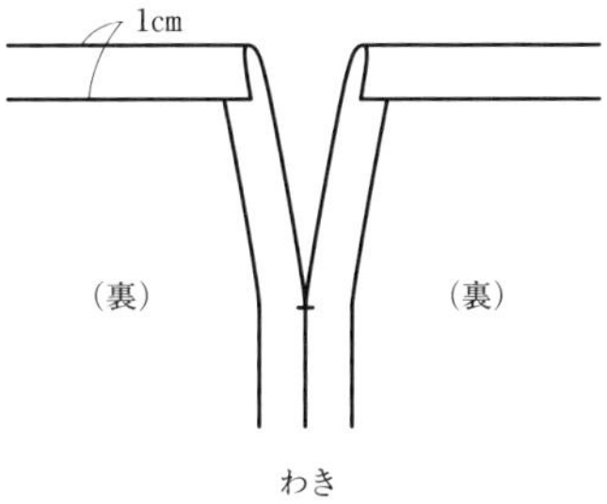

④表布と内布を外表に合わせて
ミシン・ステッチで押さえる。

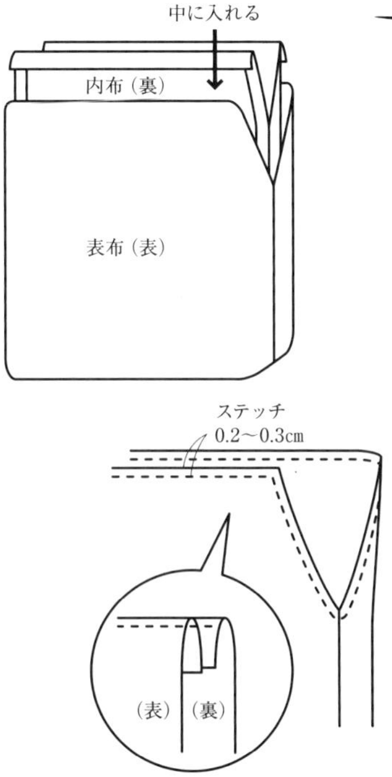

⑤口金を縫いつける。

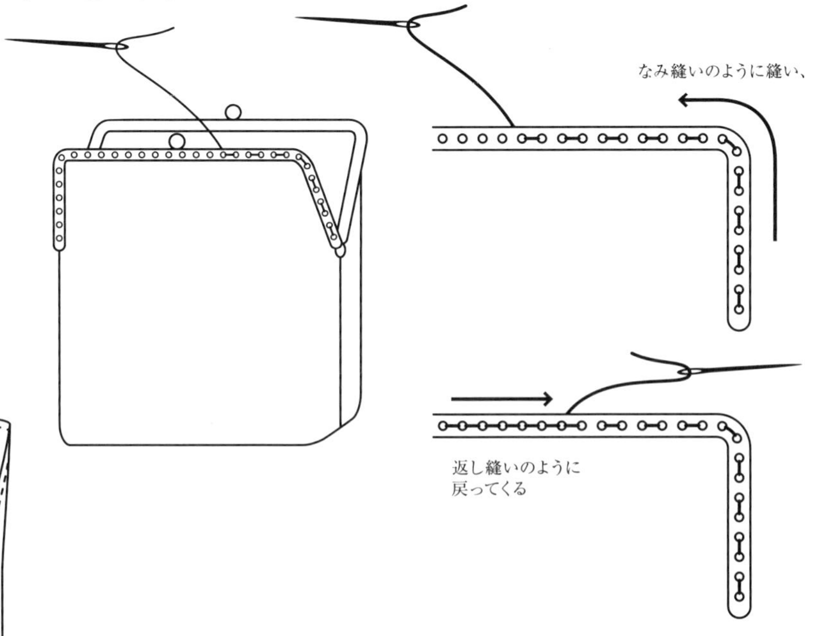

がま口のパターンと配置図

・200%に拡大して使用。
・周囲に縫い代1cmをつけて表布、
　内布各1枚ずつ裁つ。

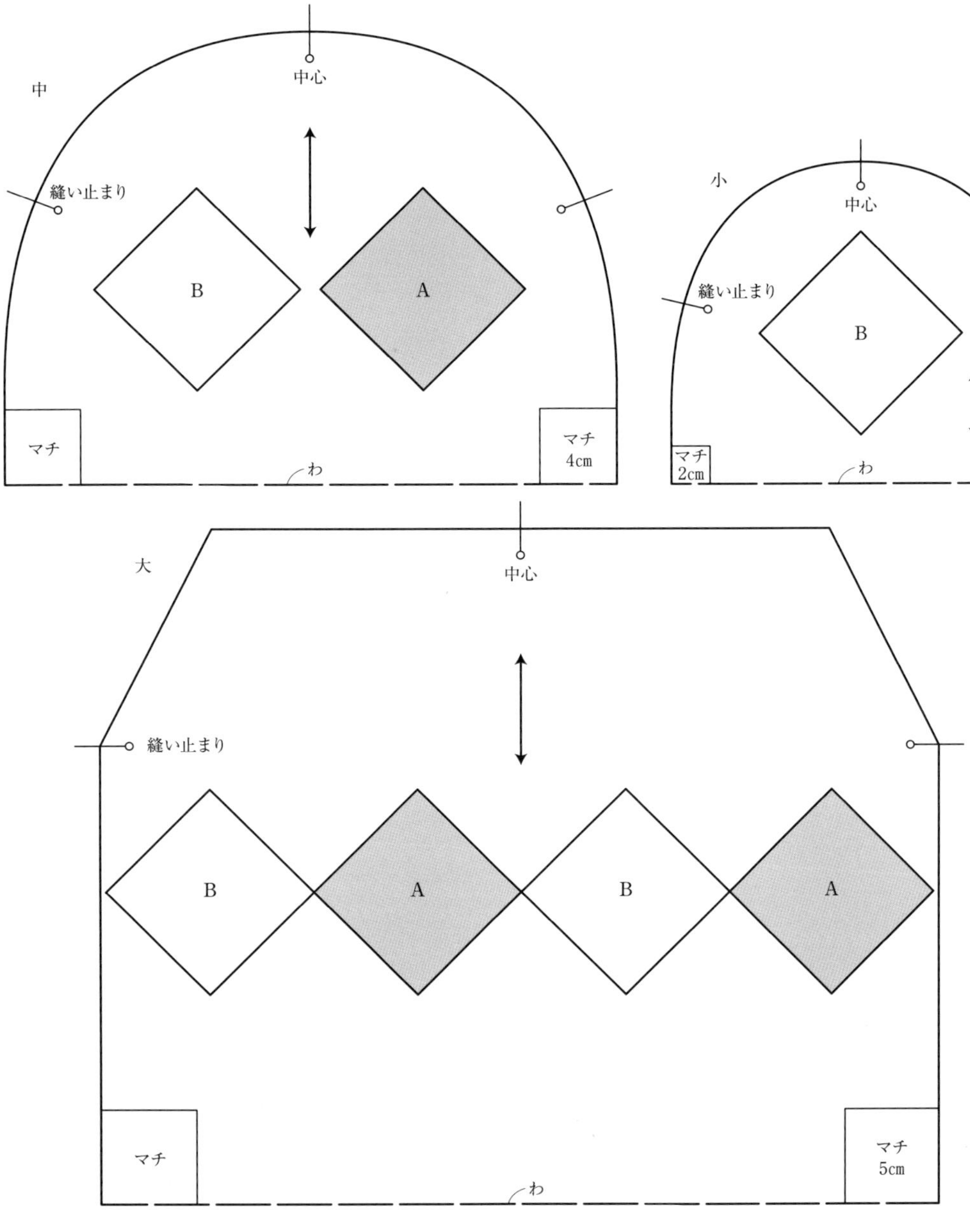

図案は46ページを参照して、Aはべこの足を（3803）で、Bは車刺し2を（601）で刺す。

→ photo page 22,23

麻バッグ

［材料］

・刺しゅう布…麻（1cm 角＝10目×10目）ピンクまたはベージュ 35cm × 60cm
・DMC 25番刺しゅう糸…左 ベージュ系（840・3032）、右 ピンク系（152・224・225）
・内布…コットン地 23cm × 60cm

［できあがりサイズ］

深さ 29cm 幅 21cm

作り方 麻をバッグの本体と持ち手に裁ち、配置図を参照して本体に刺しゅうをする。図のように縫い、仕立てる。

縫い方

①表布、内布をそれぞれ中表にして両わきを縫う。

②縫い代を片方に倒してアイロンをかける。

③持ち手を作る。

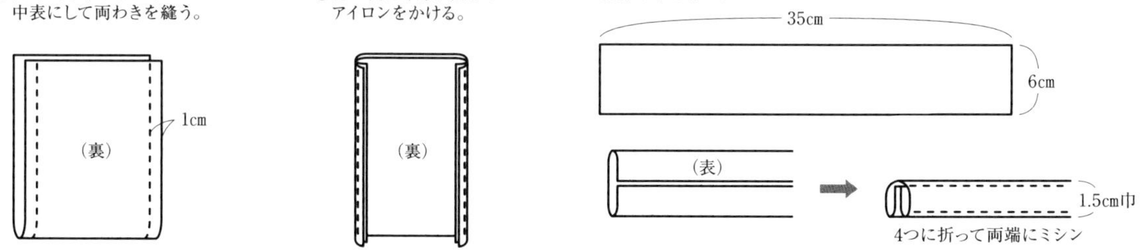

④表布を表に返し、持ち手を仮止めする。

⑤表布の中に内布を入れる。

⑥口の縫い代を内側に折って縫う。

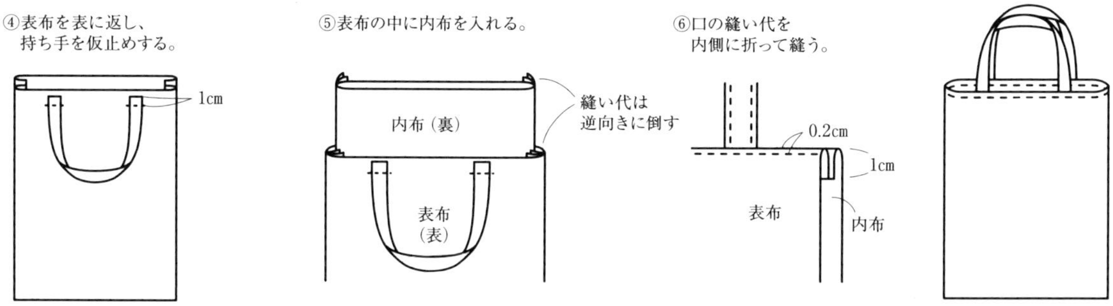

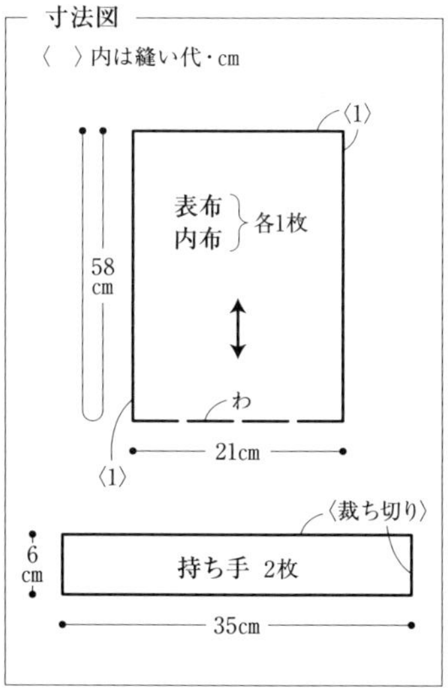

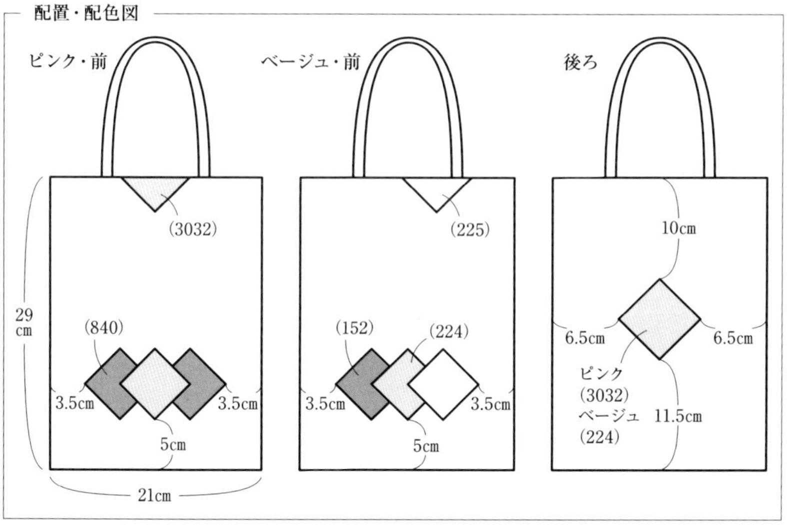

ピンクの図案

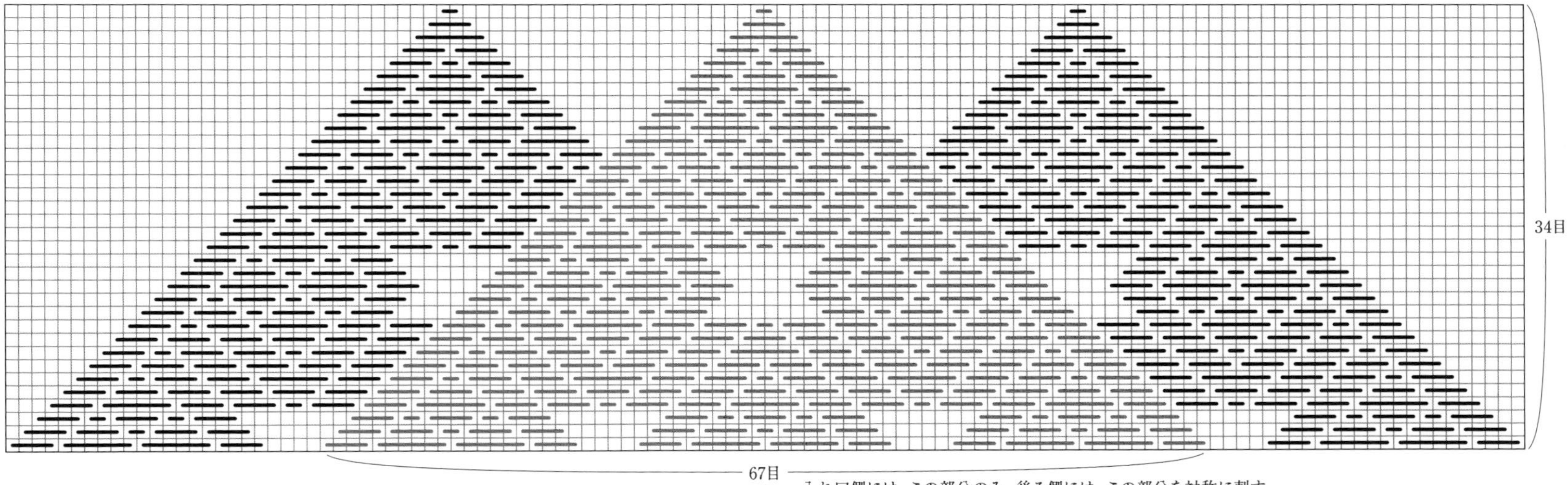

入れ口側には、この部分のみ、後ろ側には、この部分を対称に刺す。

ベージュの図案

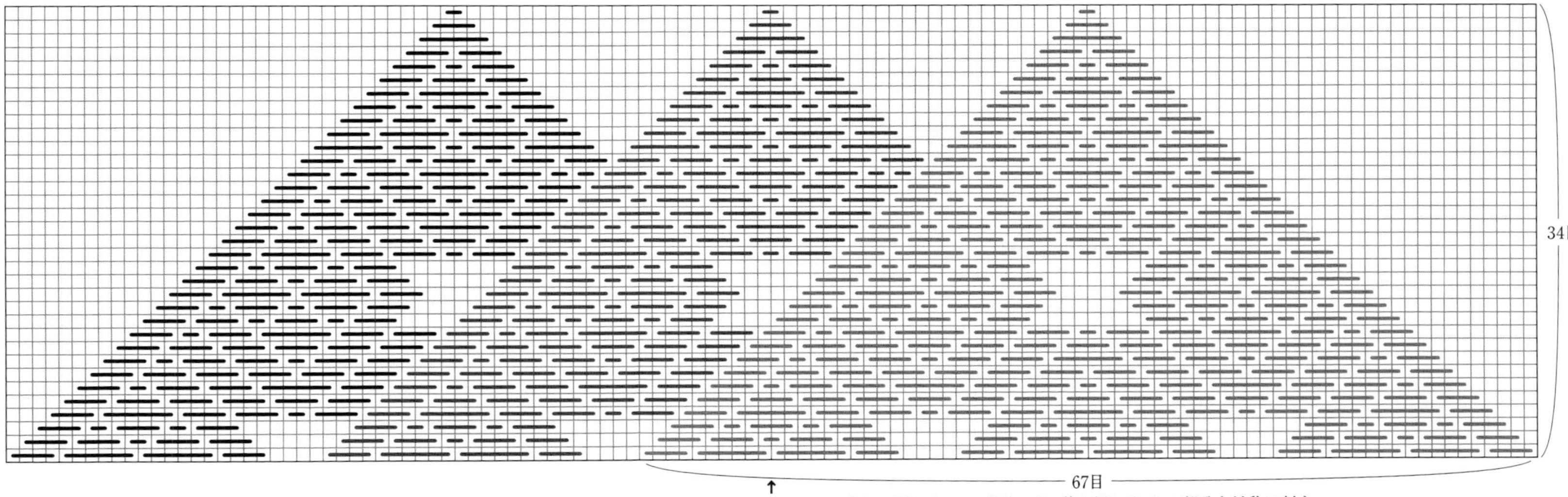

入れ口側には、この部分のみ、後ろ側には、この部分を対称に刺す。

⇢ photo page 24,25

ブックカバー

［材料］

・刺しゅう布…コングレス（1cm ＝ 7 目× 7.5 目）グリーンまたはブルー 18cm × 33cm
・DMC 25番刺しゅう糸…グリーン系（369・503）またはブルー（747・813）
・幅 1.5cm の綿テープ…グリーンまたはブルー 84cm

［できあがりサイズ］

文庫本サイズ

作り方　配置・配色図を参照して刺しゅうをする。図のように縫い、仕立てる。

縫い方

①刺しゅうをしてから、周囲を
ジグザグまたはロックミシンで縫う。

②上下と左側にテープをつける。

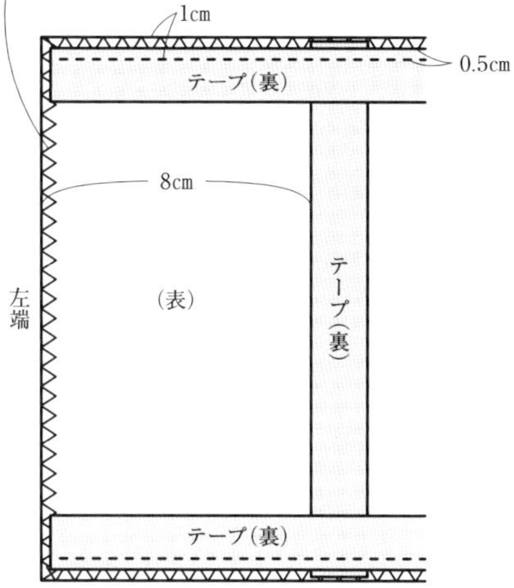

③周囲を折り返してまつる。

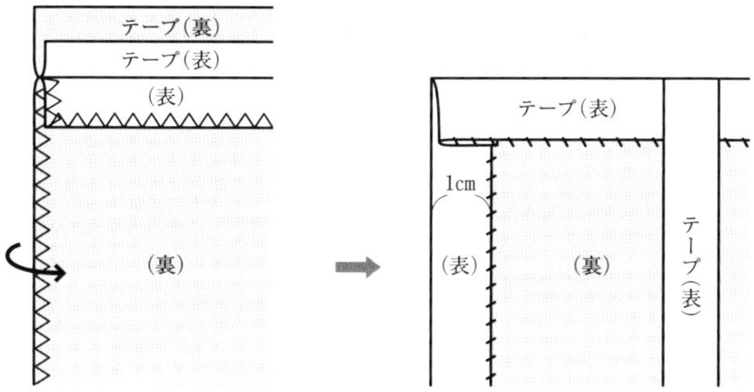

裏に返して
縫い代を折る

角を始末してまつる

④右側を折り返してまつる。

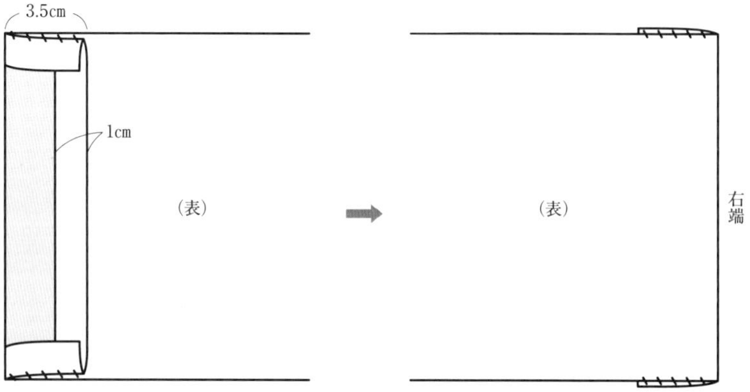

グリーン 図案

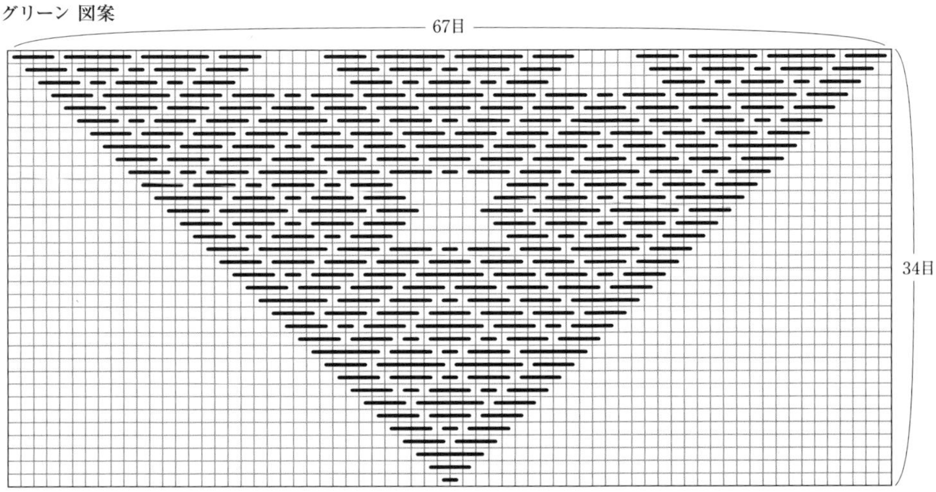

グリーン 配置・配色図

・周囲に縫い代1cmをつけて裁つ。

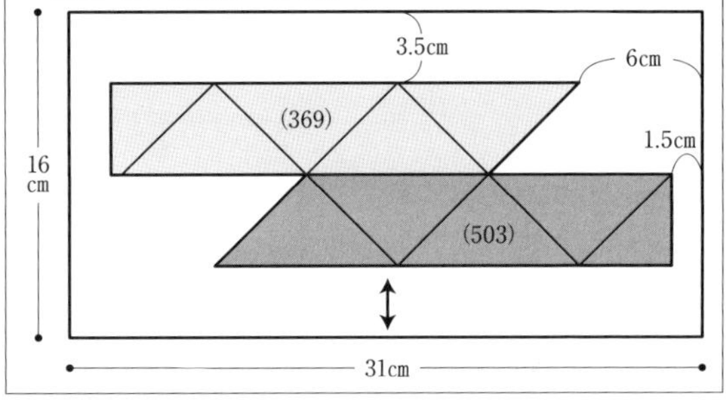

ブルー 図案

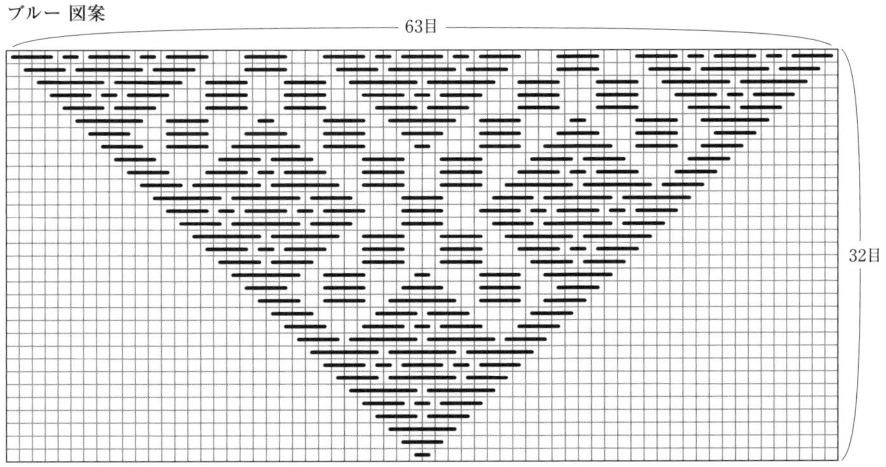

ブルー 配置・配色図

・周囲に縫い代1cmをつけて裁つ。

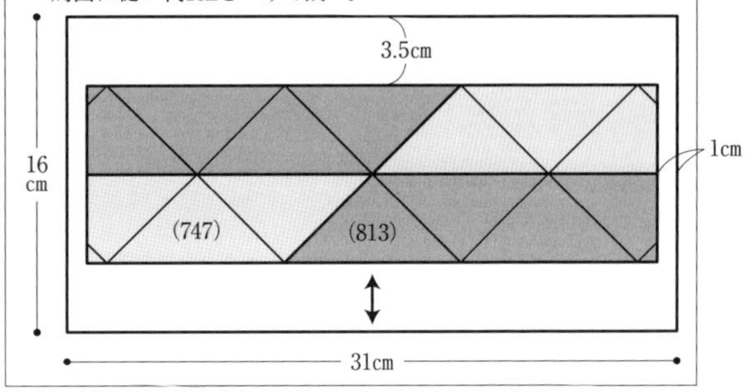

→ photo page 8,9

ショール

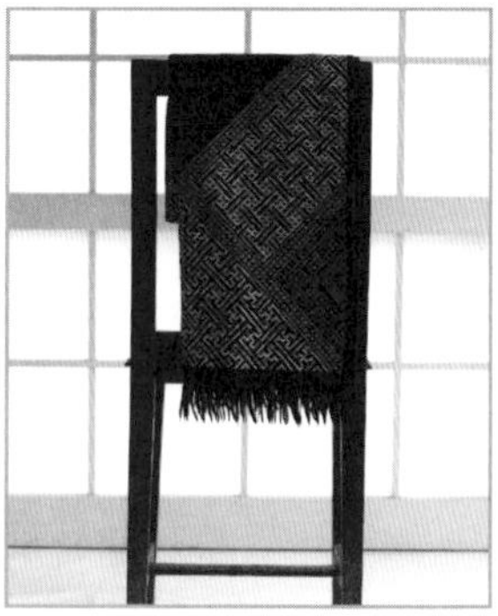

［材料］

・半製品のショール…ウール（1cm 角＝5目×5目）紺 幅 48cm × 140cm
・DMC 25番刺しゅう糸…白（762）グレー系（317・318・414・648）

［できあがりサイズ］

48cm × 140cm

作り方 半製品のショールに刺しゅうをするが、ソフトな素材なので、糸を引き過ぎないようにして糸がつれないように注意する。

配置・配色図

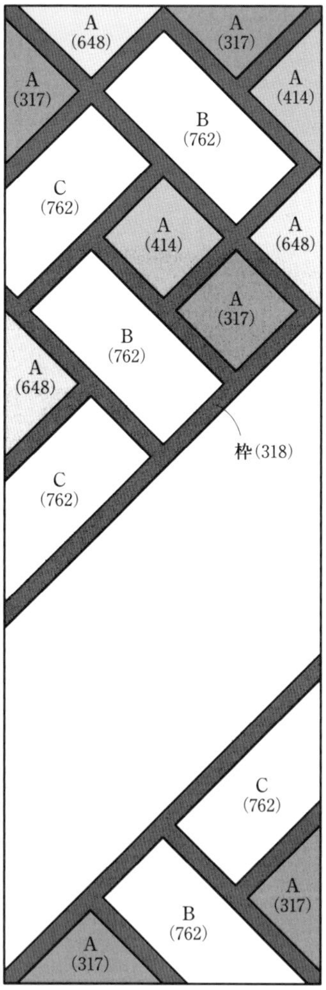

作品の全体像（刺しゅう面）

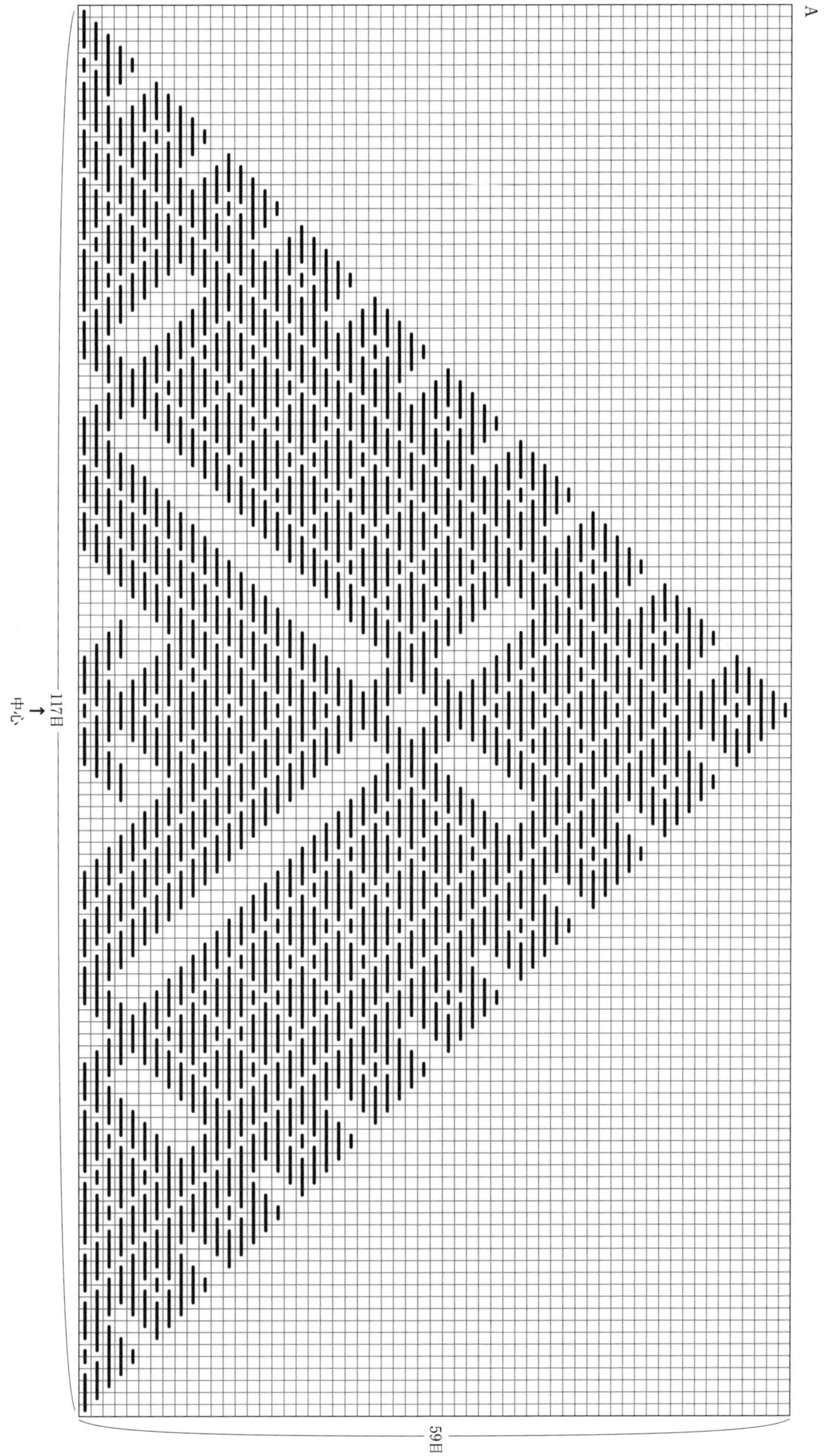
A
117目
中心
59目

A
C

B
枠
A

鎌田久子　KAMATA HISAKO

藍と白の会主宰。青森県出身。1957年より工藤得子氏に師事。
津軽こぎん刺しの伝統を守りながらも、「今の暮らしに活きる」
をコンセプトに新鮮な色使いのこぎん刺しを提案。
国内外の作品展で好評を得る。
津軽こぎん刺しの普及、後進育成のために東京・越前屋教室、
読売日本文化センター、産経学園で指導にあたっている。

◎作品制作協力

西村信子　浜島亜由子
デザイン参考（10、11ページ）山崎史織

staff

ブックデザイン　北原曜子（ワンダフル）
撮影　山本正樹（カバー、1～25、40ページ）、田邊美樹（26～39、68ページ）
スタイリング　道広哲子（4～25ページ）
トレース　ファクトリー・ウォーター 原田鎮郎
企画・編集　大割里美

［材料・半製品の購入できるお店］

越前屋
〒104-0031 東京都中央区京橋1-1-6　☎03-3281-4911

亀島商店
〒542-0085 大阪市中央区心斎橋筋1-4-23　☎06-6245-2000

［撮影協力］

AWABEES
〒151-0051 東京都渋谷区千駄ヶ谷3-50-11-5F　☎03-5786-1600

［刺しゅう糸のお問い合わせは］

ディー・エム・シー株式会社
〒101-0035 東京都千代田区神田紺屋町13 山東ビル7F　☎03-5296-7831
www.dmc.com

こぎん刺しの小ものたち

2010年4月20日 初版印刷
2010年4月30日 初版発行

著　者　鎌田久子
発行者　若森繁男
発行所　株式会社 河出書房新社
〒151-0051　東京都渋谷区千駄ヶ谷2-32-2
電　話　03-3404-8611（編集）
03-3404-1201（営業）
URL　http://www.kawade.co.jp/
印刷・製本　Everbest Printing Co.,Ltd.

Printed in China
ISBN 978-4-309-28206-0